Johann Wolfgang Goethe: *Märchen*

Almut Constanze Nickel

Johann Wolfgang Goethe: *Märchen*

Eine Spiegelung der Tätigkeit Goethes als Weimarer Baumeister und Freimaurer

PETER LANG

Lausanne - Berlin - Bruxelles - Chennai - New York - Oxford

Bibliografische Information der Deutschen Nationalbibliothek
Die Deutsche Nationalbibliothek verzeichnet diese Publikation in der Deutschen Nationalbibliografie; detaillierte bibliografische Daten sind im Internet über http://dnb.d-nb.de abrufbar.

Vortrags-, Film- und Bühnenrechte bei der Autorin

Umschlaggestaltung: Atelier Platen (Olaf Glöckler)

ISBN 978-3-631-84654-4 (Print)
E-ISBN 978-3-631-85902-5 (E-PDF)
E-ISBN 978-3-631-85903-2 (EPUB)
DOI 10.3726/b21097

Verlegt durch:
Peter Lang GmbH, Berlin, Deutschland

info@peterlang.com http://www.peterlang.com/

Ach! warum steht der Tempel nicht am Flusse!
Ach! warum ist die Brücke nicht gebaut!

Aus dem Lied der Lilie
Goethe an Schiller,
26. September 1795

Zum Beginnen, zum Vollenden
Zirkel, Blei und Winkelwaage;
Alles stockt und starrt in Händen
Leuchtet nicht der Stern dem Tage.

Aus den Gedichten zu symbolischen Bildern
17. September 1825

Inhalt

Vorbemerkung

Der folgende Aufsatz ist die erweiterte Fassung eines Kapitels aus meiner Monographie *Goethes Römisches Haus. Ein Freimaurertempel* (2018, 2. Aufl. 2020).[1]

Die interdisziplinär angelegte Studie fragte ausgehend von Goethes Bautätigkeit in Weimar nach der Relevanz, die der Freimaurerei für eine Deutung der darin enthaltenen Lebensspuren zukommt. Im Mittelpunkt der Untersuchung stand dabei das *Römische Haus* (1791-98) im Weimarer Park und seine Baugeschichte mit dem besonderen Bildprogramm. Bereits im Giebelfeld der als Prostylos ausgeführten Westfassade fällt ein freimaurerisches Motiv sui generis ins Auge: Gezeigt wird ein Putto an der Weltkugel, den ein Genius mit Lorbeeren bekränzt. Im Gebäudeinneren verweisen Sphingen auf ägyptische Mysterienkulte, Relieffolgen um Hermes, Orpheus und Prometheus stellen Verbindungen mit der maurerischen Bildwelt her. Im Blauen Zimmer finden sich Darstellungen von Putti bei der Ausführung des Logenzeremoniells. Bauplatzwahl, Ostausrichtung, besondere Merkmale in der Raumaufteilung und der Ausstattung des Römischen Hauses blieben an Vorgaben für Logengebäude orientiert.

Hiervon ausgehend wurden neben der Parkarchitektur die Herzogliche Bibliothek mit dem Turmanbau und die Fürstengruft untersucht. Fünf Jahrzehnte entwickelten Goethe und Carl August das Weimarer Bauprogramm, das durch einen Kreis vertrauter Künstler ausgeführt wurde. Weil Goethe die bis dahin entwickelte Symbolsprache durch private Reminiszenzen ergänzte, blieb das Ensemble mit seinem dichten Zeichen- und Verweissystem für Außenstehende schwer verständlich. Die künstlerischen Besonderheiten und eine schwierige Quellenlage haben die inhaltliche Erfassung trotz vorhandener Ansätze weitgehend verhindert.

Mit den folgenden Ausführungen sowohl zur Goethe-Forschung als auch zur Geschichte Weimars wird die Bautätigkeit Goethes und Carl Augusts als Zeugnis eines auf maurerischen Idealen gegründeten Lebensbundes erkennbar. Und zeitgleich mit dem Römischen Haus entstand Goethes *Märchen*. Die Dichtung ist trotz dieser Koinzidenz und obwohl sie analog zum Baugeschehen im Park einen Tempelbau schildert bisher nicht auf das Römische Haus bezogen worden. Die folgenden Ausführungen mögen zeigen, in welchem Ausmaß der vielschichtige Text in diesen Rahmen eingebettet ist.[2]

I. Zur Textgeschichte und Rezeption des Märchens

Goethes *Mährchen (zur Fortsetzung der Unterhaltung deutscher Ausgewanderten)*[3] erschien im Erstdruck in Schillers Zeitschrift *Die Horen* und bildete das Ende zu der nach dem Vorbild Boccaccios angelegten Novellensammlung. 1829 veröffentlichte Goethe die Dichtung in der *Ausgabe Letzter Hand* unter Zusatz des Artikels *Das Mährchen*[4]. Seit Erscheinen hat das „Rätselmärchen" (C. Lucerna)[5] die Vorstellung von Lesern über Generationen angeregt. Schon zeitgenössische Interpreten konnten sich der Faszination des merkwürdigen Textes nicht entziehen, denn „Es fühlt ein Jeder, daß noch etwas drin steckt, er weiß nur nicht, was." (Goethe zu Riemer, 21. März 1809).[6]

Goethe hat das *Märchen* in Art eines Gesellschaftsspiels als Rätsel ausgegeben (G. Oesterle)[7] und die Verwirrung darüber scherzhaft befördert (An Schiller, 15. und 23. Dezember; An Goethe, 17. und 25. Dezember 1795).[8] Schiller bezeichnet das Märchen als „Produktion einer sehr fröhlichen Stimmung", „bunt und lustig genug", um allgemein zu gefallen.[9] Und es ist in der Tat ein Merkmal des *Märchens*, Scherz und Ernst dicht beieinander zu behandeln. Wie andere Beiträge für die *Horen* erschienen die *Unterhaltungen deutscher Ausgewanderten* anonym. Auch später legte Goethe Wert darauf, daß die Verfasserschaft zunächst nicht aufgelöst wurde. Als der Verleger Friedrich Cotta nach dem Sinn des *Märchens* fragte, antwortete Schiller kryptisch: Der Schlüssel des *Märchens* liege im *Märchen* selbst.[10] Die „18 Figuren dieses Dramatis sollen, als soviel Rätsel, dem Rätselliebenden willkommen sein.", schrieb Goethe in einem Schlüsselbrief an Schiller.[11] Ein Distichon von 1796 variiert dies: „Mehr als zwanzig Personen sind in dem Märchen geschäftig. / »Nun, was machen sie denn alle?« Das Märchen mein Freund.“, sowie weiter: „Was mit glühendem Ernst die liebende Seele gebildet, Reizte dich nicht, dich reizt Leser mein Kobold allein.“[12] Wiederholend auch an anderer Stelle: „Mehr als zwanzig Personen sind in dem Märchen geschäftig, Nun, und was machen sie denn alle? Das Märchen, mein Freund.“.[13] Durchaus auf das *Märchen* beziehbar heißt es noch in den *Zahmen Xenien*: „Warum erklärst du's nicht und läßt sie gehn? / Geht's mich denn an, wenn sie mich nicht verstehn?“[14]

Nach den ersten Reaktionen auf das *Märchen* betonte Goethe gegenüber Schiller: „Die Zeugnisse für mein Märchen sind mir sehr viel wert und ich werde künftig auch in dieser Gattung mit mehr Zuversicht zu Werke gehen.“[15] Mit den Deutungsversuchen aus Goethes Umfeld ging die Frage einher, ob das *Märchen* symbolisch oder allegorisch zu verstehen sei. Gegenüber Wilhelm von Humboldt äußerte sich Goethe dahingehend, daß die Motive des *Märchens* symbolisch zu verstehen seien, da er ein weiteres, „ganz allegorisches“ Märchen, noch schreiben wolle.[16]

Im gegebenen Rahmen kann die Rezeptionsgeschichte des *Märchens* nur angerissen werden. Th. Friedrich stellte 1925 etwa 40 Deutungen zusammen, angefangen bei Zeitgenossen Goethes, August von Sachsen-Gotha, Charlotte von Kalb, August Wilhelm Schlegel, Adelbert von Chamisso und Novalis. Die Übersicht versah er mit dem Hinweis, künftigen Auslegern Gedankengänge ersparen zu wollen, die sich „durch die bisherige Entwicklung des Problems als abgeschlossen oder abwegig erwiesen haben“.[17] Unterdessen ist die Zahl der *Märchen*-Deutungen immer weiter gestiegen. In S. Seiferts Goethe-Bibliographie sind im Zeitraum 1950-90 über fünfzig Publikationen zum *Märchen* nachgewiesen[18], die Gesamtheit der Beiträge bis heute übersteigt diese Anzahl nochmals, wobei zwischen literaturwissenschaftlichen Ansätzen und außerwissenschaftlicher Rezeption zu unterscheiden ist.[19]

Als ein Produkt der Phantasie versteht F. Gundolf Goethes *Märchen* und deutet die Dichtung psychologisch: Es widersetze sich einer Auslegung, da es zur Entstehungszeit der seelischen Entlastung gedient habe. Goethe habe sich den bedrängenden Zeitereignissen mit der traumgleichen Gattung des *Märchens* entziehen wollen.[20]

Eine Reihe von Auslegungen versteht das *Märchen* als Symboldichtung, wobei seine Symbolik sehr unterschiedlich verstanden wird.[21] Da die symbolbezogenen Deutungen das *Märchen* überwiegend als Einzelwerk behandeln, stellt die Kontextualisierung ein Desiderat dar.[22] Dies greifen in Verfolg historisch orientierter Ansätze (G.-L. Fink u.a.)[23] Veröffentlichungen auf, die den Novellenzyklus im Ganzen in den Blick nehmen, Goethes Gesellschaftsentwurf hierin untersuchen und das *Märchen* mit der Rahmenhandlung und dem Kontext der Französischen Revolution verbinden.[24] Angesichts der diversen Rezeptionsgeschichte ist es nachvollziehbar, daß Goethe-Herausgeber sich nicht auf eine Deutung festlegen wollten und ausschließlich die Entstehungs- und Rezeptionsgeschichte darstellen, wie E. Trunz und R. Wild in den Kommentaren der Hamburger bzw. Münchener Ausgabe.

Dem Folgenden sei vorausgeschickt, daß alle bisherigen Bemühungen zu keiner wirklichen Erhellung des Textes geführt haben und das *Märchen* bis heute nicht schlüssig gedeutet ist. Der vorliegende Aufsatz unterzieht das *Märchen* einer Neulektüre im Hinblick auf Goethes maurerische Interessen. Damit werden in Teilen ältere Ansätze aufgegriffen, da einzelne Motive des *Märchens* früh als masonisch erkannt worden sind. So wies etwa der Leibniz-Herausgeber G. E. Guhrauer bereits 1846 auf freimaurerische Motive hin. Für ihn stehen die drei Könige im unterirdischen Tempel für die Drei Säulen der Maurerei, Weisheit, Schönheit und Stärke.[25] Darauf bezieht sich 1849 der Goethe-Biograph H. Viehoff (*Goethe's Leben*, Bd. 3).[26] F. Meyer von Waldeck nimmt den Ansatz schließlich in die Erläuterung seiner Schrift *Goethe's Märchendichtungen* (1879) auf: „Es unterliegt keinem Zweifel, daß Goethe in den drei Königen, wie Guhrauer zuerst scharfsinnig bemerkte [...], Grundideen der Freimaurerei auf sein Märchen übertragen hat."[27] Der Autor führt den Gedanken mit Überlegungen zur Bedeutung des Vierten Königs fort und verbindet dies mit seiner freimaurerischen Interpretation des *Märchens*. Im Anschluß an die Vorläufer bekräftigt A. Wolfstieg 1912 die freimaurerische Bedeutung und hält fest:

> „Es handelt sich in dem Märchen um die Verwirklichung des Reiches Gottes auf Erden, um die Heraufführung des Zeitalters der Humanität, um den Bau der Brücke, die der Menschen Lande traulich verbindet. [...] Der unterirdische Tempel ist der freimaurerische Tempel, und die drei Könige sind Weisheit, Schönheit und Stärke."[28].

Auch weitere Motive erkennt Wolfstieg als maurerisch, so die Erfahrung des Jünglings im Angesicht des Todes (Dunkle Kammer) oder die Dialoge im Tempel, die in Aufbau und Diktion an Logengespräche erinnern: „Die Gespräche im Tempel sind ganz maurerisch. Herrlicher als das Gold wird das Licht, erquicklicher als das Licht das Gespräch genannt."[29] Nach diesem Verständnis ist es konsequent, daß Wolfstieg Sinnsprüche aus dem *Märchen* für das freimaurerische Ritual reklamiert, etwa den Ausspruch des *Alten mit der Lampe* über die Liebe als vierte Kraft.

Im Zusammenhang mit seiner Übertragung des *Märchens* in das Französische legt O. Wirth, Hochgradmaurer und Autor kabbalistischer Schriften, 1922 das *Märchen* als Dichtung für Eingeweihte (*Initiés*) aus:

> „Le génial penseur [Goethe im Märchen] y a traduit ses conceptions les plus intimes, celles qu' il ne se souciait pas de livrer en pâture aux discussions incompétentes. Il aurait alors écrit son conte pour les initiés, pour ceux qui ont appris à déchiffrer les hiéroglyphes éternels de la pensée humaine."[30]

Zeitgleich gesteht auch der dänische Goethe-Biograph G. Brandes dem *Märchen* freimaurerische Züge zu: „Es kommt mir wahrscheinlich vor, daß sich das *Märchen* auf Freimaurer-Symbolen aufbaut [...] und die Weihe des Königs der Freimaurerliturgie nachgebildet ist."[31] Angesichts der verschiedenen Bedeutungsebenen räumt der Autor jedoch seine „vollkommene Unfähigkeit" ein, „irgendwelchen Sinn in dieser anspruchsvollen und verwirrenden Arbeit zu finden."[32] Er vergleicht Goethes Text mit einem Schrank, für den man ein Dutzend Schlüssel benötigt und endet irritiert: „Mir für mein Teil erscheint es gleichgültig, was für eine Bedeutung es hat. Es ist nicht die Aufgabe der Kunst, verwickelte und unfaßbare Allegorien zu schaffen."[33]

In der neueren Literaturwissenschaft greift H. Mayer den Strang auf. Er liest das *Märchen* als Parabel im Kontext der Französischen Revolution, stellt aber auch die von ihm nicht weiterverfolgte masonische Symbolik heraus und bemerkt:

> „Mit Freimaurersymbolik ist das *Märchen* offenbar randvoll gefüllt. Das beginnt mit der Zahlensymbolik, bei welcher bloß an das drei mal drei der Kohlköpfe, Zwiebeln und Artischocken, aber auch an die Welt der drei Könige und so fort erinnert werden mag. Die Beziehung dieser drei Zahlen etwa zur Zahlen- und Freimaurersymbolik der vier Jahre

vor Goethes *Märchen* entstandenen *Zauberflöte* ist offensichtlich.“ [34]

Im Zusammenhang mit Mozarts Oper ist anzuführen, daß sich Goethe 1795, dem Entstehungsjahr des *Märchens*, eingehend mit dem Stoff von Schikaneders Textbuch beschäftigte. Goethe plante ein Libretto *Der Zauberflöte zweyter Theil*, was er bis 1799 verfolgte (ED des Fragments 1801), dann aber trotz des Zuspruchs von Carl Friedrich Zelter aufgab.[35] Die Verbindung zur *Zauberflöte* ist zunächst im Hauptthema zu erkennen. Ein Liebespaar muß Gefahren und Prüfungen bestehen, die den freimaurerischen Elemente-Proben nachgebildet sind. Auch weitere Motivanregungen aus der *Zauberflöte* sind in das *Märchen* eingeflossen (Schlange, Altes Weib, Drei Damen, Genien). Zudem erinnern markante Topoi, wie der Rundtempel, unterirdische Gänge und Heilige Hallen an die Oper, die unter Goethes Theaterleitung in Weimar zum meistgespielten Stück avancierte.[36]

„Dennoch geht man fehl, will man die Dichtung ausschließlich als Logenmysterium interpretieren.“[37] H. Mayers Aussage ist insofern zuzustimmen, als die unterschiedlichen Bedeutungsebenen des *Märchens* dies nicht ausschließlich festlegen: Das „gegenseitige Hülfeleisten der Kräfte und das Zurückweisen aufeinander“, von dem Goethe sprach (An Schiller, 29. August 1795),[38] ist durch die Figuren und Motive aus unterschiedlichen biographischen Schichten, aus Wahrheit und Dichtung poetisch verwirklicht. Daß die Bezüge zur Biographie Goethes, zur Zeitgeschichte und zum Kontext der *Unterhaltungen deutscher Ausgewanderten* ein weiteres Textverständnis eröffnen, zeigen die Ausführungen zum Motivrepertoire.

II. Zum Motivrepertoire

Das Schlangenmotiv

Eines der Hauptmotive im *Märchen* ist die grüne Schlange, die gleich zu Beginn begegnet und mit ihrer Zauber- und Transformationsfähigkeit bis zum Schluß handlungsmotivierende Funktion besitzt.

Als Symbol enthält die Schlange mythologische, biblische und religionsphilosophische Aspekte. Wie alle chthonischen Tiere vereinigt sie in Mythos und Sage ambivalente Merkmale, die im Zusammenhang mit der Unterwelt stehen. Dort erscheint sie im Gefolge von Erdgottheiten. Nach ihrem Auftreten in der Genesis (3,1-5), wurde die Schlange zum Urtier des Bösen, zur üblen Verführerin. *Eritis sicut deus scientes bonum et malum – Ihr werdet sein wie Gott unterscheidend Gutes und Böses*, verspricht sie lockend. Doch mit dieser Verführung zur Grenzüberschreitung ist die Schlange eine „Raupe am Baume der Göttin der Vernunft“ (E. Bloch).[39] Im *Faust* bezeichnet Mephistopheles die Schlange als seine Muhme, im Sinne einer alten Angehörigen: „Folg' nur dem alten Spruch und meiner Muhme der Schlange“ (V 2049). Die Gnosis entwickelte mit den Ophiten und Nassenern Kulte für die Schlange als Wissensüberträgerin, Mysterienkulte setzten die Schlange als Zentralsymbol für das Weltwirken ein. Diesem Sinn nach ist die Schlange traditionell ein Symboltier für Weisheit, als Wissens- und Schatzhüterin begegnet sie in Märchen und Sagen.

Im Weimarer Ensemble findet sich die Schlange am *Schlangenstein*, der antike Anleihen mit dem freimaurerischen Verständnis des Genius' zusammenbringt. Aus zeitgenössischen Berichten erfahren wir, daß am *Tempelherrenhaus* im Park ein Salamander – auch dies ein Erdtier – in die Tür eingeschnitzt war. Am Römischen Haus wurde eine in sich gewundene Schlange als Türklopfer angebracht, vier Schlangenpaare zeigt auch die Ausmalung des Gelben Zimmers im Inneren des Baues.

Im *Märchen* mahnt der Mann mit der Lampe: „Gedenke der Schlange in Ehren [...] du bist ihr das Leben, deine Völker sind ihr die Brücke schuldig“.[40] Die Schlange rettet dem Jüngling das Leben: „Sie zog mit ihrem geschmeidigen Körper einen weiten Kreis um den Leichnam, faßte das Ende ihres Schwanzes mit den Zähnen und blieb ruhig liegen.“[41] In der Kreisform hat sie magische Kräfte, doch bei Nacht muß ihr ein Lichtträger helfen:

> „Wer schafft uns den Mann mit der Lampe, ehe die Sonne untergeht? zischte die Schlange leise [...] In dieser Not sah die Schlange sich überall um, denn sie fürchtete jeden Augenblick werde die Sonne untergehen, die Fäulnis den magischen Kreis durchdringen“.[42]

Auf die Freimaurerei bezogen bedeutet dies, daß die das eigene Ende fassende Schlange die Form des *Ouroboros* (*Schwanzverzehrers*) annimmt. Das aus der altägyptischen Symbolsprache entnommene Motiv steht in der masonischen Symbolik als Sinnbild für den ewigen Kreislauf von Werden und Vergehen und des Lebens Wiederkehr.[43] In der Alchemie wird der Ouroboros als Symbol der sich wandelnden Materie gedeutet, was zum nächsten Aspekt überleitet.

Die Schlange erfährt im *Märchen* einen materiellen Umwandlungsprozeß, zunächst zu Gold und Licht, dann zu Edelstein und schließlich zu Stein in Form einer Brücke. Zu Beginn verwandelt sich das Gold in ihr zu Licht: „Lange hatte man ihr schon versichert, daß diese Erscheinung möglich sei“[44], und so hätte sie, „in Hoffnung des herrlichen Lichtes alles unternommen was man ihr auferlegte.“[45] Im unterirdischen Tempel weisen ihre Antworten die Schlange als Eingeweihte aus.[46] Der Dialog zwischen Schlange und König imitiert durch den knappen Frage-Antwort-Stil und die symbolische Aufladung der Begriffe ein Logengespräch:

> „Kaum hatte die Schlange dieses ehrwürdige Bildnis angeblickt, als der König [...] fragte:
> wo kommst du her? – Aus den Klüften, versetzte die Schlange, in denen das Gold wohnt. – Was ist herrlicher als Gold, fragte der König? – Das Licht, antwortete die Schlange. – Was ist erquicklicher als Licht? fragte jener – Das Gespräch antwortete diese.“[47]

Die Schlange kennt das Vierte Geheimnis, das sie dem Alten mit der Lampe zuflüstert. Das große Werk steht der Schlange jedoch noch bevor, und so „versank [...] die Schlange nach Osten“[48]. Im Garten der Lilie weissagt sie: „der Tempel ist erbauet“, worauf Lilie versetzt: „Er steht aber noch nicht am Flusse“. Aber die Schlange erwidert: „Noch ruht er in den Tiefen der Erde [...] ich hörte die großen Worte im Tempel ertönen: es ist an der Zeit.“[49]

Später ermöglicht die Schlange den Wandernden die Überquerung des Flusses und teilt mit, daß sie sich zum Opfer entschlossen habe. Durch Liliens Berührung geht das Leben in den starren Körper des Jünglings über, wobei das Reptil eine „sonderbare“ Veränderung erfährt: „Ihr schöner schlanker Körper war in tausend und tausend leuchtende Edelsteine zerfallen [...] nur ein schöner Kreis leuchtender Edelsteine lag im Grase.“[50] In den Fluß geschüttet, bilden „die Reste ihres aufgeopferten Körpers [...] die Grundpfeiler dieser herrlichen Brücke“.[51]

Mit Hermes Trismegistos, dem Erfinder der Alchemie, der hermetischen Kunst, steht im Zusammenhang, daß die im 14. oder 15. Jahrhundert erfundene Geheimtafel, die

Tabula Smaragdina (Smaragdtafel), das Rezept für den Stein der Weisen enthalten habe.[52] Durch die Metamorphose der Schlange bündeln sich in dem Motiv Anspielungen auf alchemistische Transmutationsprozesse, die in der Hermetischen Freimaurerei des 18. Jahrhunderts eine Rolle spielen. Analog zur Metallverwandlung wird der Mensch vom groben und unwissenden, zum sittlich gereiften Individuum veredelt. Im Aufgriff von Transmutationsprozessen in der Hochgradmaurerei ist eine „Analogie zum symbolischen Bauen" gesehen worden.[53]

Im nächsten Abschnitt wird die Edelsteinsymbolik und die Baumetaphorik im Kontext von biblischen Anleihen eingehender betrachtet.

Motive aus der Offenbarung des Johannes

Dem Kapitel sei vorausgeschickt, daß die biblischen Motive im *Märchen* bereits Gegenstand der Textauslegung waren, etwa in dem richtungsweisenden Aufsatz von F. Ohly.[54] Hierin arbeitet der Autor u.a. Bezüge zur Apokalypse heraus (formelhafte Verse, Edelsteinbauten). Obwohl Ohly annimmt, daß „Römisches, 1001 Nacht, Freimaurerisches und vor allem Biblisches [...] in das *Märchen* eingegangen"[55] seien, wird die Verbindung zum masonischen Bezugsrahmen nicht weiterverfolgt.

An die *Offenbarung des Johannes* erinnert fühlte sich Goethes Zeitgenosse, Prinz August von Sachsen-Gotha-Altenburg (1747-1806, 1774 Aufnahme in die Gothaer Loge *Ernst zum Kompass*, Illuminat), bei der Lektüre des *Märchens*.[56] Mit einem geistreichen Brief erbat er Goethes Erklärung hierzu:

> „ich kann es dem Buchdrucker nicht wohl verzeihen, daß er sich unterfangen habe, das Wort: *Märchen* hin zu setzen,

> wo *Offenbarung* oder gar kein Titel [...] hingehörte. Wenigstens konnte er die lästerliche *Offenbarung*, daß er die Sache nur für ein *Märchen* halte, ganz für sich allein behalten. Im Ganzen gehet mir zwar einiges Licht auf, aber ich darf es nicht wagen, mich den beiden Irrlichtern damit in die Mitte zu stellen“[57]

Dem ist ein Katalog von Fragen vorangestellt, der in der Formel kulminiert: „kurz, wer ist was sind? wer ist? was sind?“:

> „wer ist der junge König? wer ist die schöne Lilie? (doch wohl nicht die französische?) wer ist der alte Fährmann? wer ist der Alte mit der Lampe? wer ist die Alte mit dem Korbe, und warum muß ihre Hand schwinden und wieder geheilt werden? wer ist die Schlange? wer sind die beiden Irrlichter? (doch wohl keine Jakobiner?) wer ist der Kanarienvogel? wer ist der Habicht? wer ist der Mops? wer ist der Riese? wer sind die Überbringerinnen der Harfe, des elfenbeinernen Stuhls, und des Sonnenschirms? was sind die drei Artischocken? was sind die drei Kohlhäupter? was sind die drei Zwiebeln?“ (An Goethe, 13. Dezember 1795)[58]

In seinem Brief stellt August von Gotha auch die entscheidende Frage für die Deutung des Textes: „Hat nicht jedes seinen Schlüssel?“[59] August schreibt Goethe in freimaurerischer Diktion, indem er auf den Evangelisten Johannes verweist und die Lichtmetaphorik aufgreift. Goethe antwortet in Andeutungen und Wendungen, die im masonischen Bezugsrahmen stehen, etwa wenn er vom „höchsten Grad“ spricht oder die Zahl 99 nennt (Neunzahl als dreimalige Wiederholung der symbolisch bedeutenden Dreizahl, die Neun ist auch die Meisterzahl), da er keine weiteren Erklärungen zum *Märchen* abgeben wolle, bevor nicht 99 andere Deutungen vorlägen.

> „Über die Entdeckung welche Ihro Durchl. gemacht haben daß der Jünger Quaestionis noch leben müsse, bin ich freilich um so mehr erstaunt als mich die nähere Bekanntschaft mit dem Werke selbst völlig von Ihrer, anfangs allzu verwegen scheinenden Hypothese überzeugt hat. Ich finde in der belobten Schrift, welche nur ein so frevelhaftes Zeitalter als das unsrige für ein Märchen ausgeben kann, alle Kennzeichen einer Weissagung und das vorzügliche Kennzeichen im höchsten Grad. Denn man sieht offenbar daß sie sich auf das Vergangene wie auf das Gegenwärtige und Zukünftige bezieht. [...] ich getraute mir teils auf das vergangene mit dem Finger zu deuten, teils das Zukünftige was uns zur Hoffnung und Warnung aufgezeichnet ist abzusondern wie Ihro Durchl. aus meiner Auslegung sehen werden die ich aber nicht eher heraus zu geben gedenke als bis ich 99 Vorgänger vor mir sehen werde.“[60]

Die Anspielungen auf die Offenbarung des Johannes, Vision einer Endzeit und zugleich utopischer Entwurf, sind im *Märchen* sowohl auf sprachlicher Ebene als auch in der Handlung verwirklicht. Einen Hinweis darauf gibt Goethe in seinem Brief vom 26. September 1795 an Schiller, worin er die biblische Wendung *Selig sind...*[61] aufgreift:

> „Wie ich in dieser letzten Zeit meine Tonne gewälzt habe, wird Ihnen, werter Mann, aus Beiliegendem bekannt werden. Selig sind die da Märchen schreiben, denn Märchen sind l'ordre du jour. Der Landgraf von Darmstadt ist mit 200 Pferden in Eisenach angelangt und die dortigen Emigrirten drohen sich auf uns zu repliiren, der Churfürst von Aschaffenburg wird in Erfurt erwartet.
> Ach! warum steht der Tempel nicht am Flusse!
> Ach! warum ist die Brücke nicht gebaut!“[62]

Der Ausruf bezieht sich auf das Lied der Lilie und verbindet das Fiktionale mit der Realität, indem der Kriegssituation ein humanitärer Zukunftsentwurf gegenübergestellt wird. Konkret ist dies auch auf die Situation der Emigranten beziehbar, da das *Märchen* die *Unterhaltungen deutscher Ausgewanderten* schließt, die durch „ein Produkt der Einbildungskraft“ ins „Unendliche“, das heißt Überzeitliche, auslaufen sollten (An Schiller, 17. August 1795).[63]

Eine biblische Wendung ist auch die Formel *Es ist an der Zeit...*: „Selig ist, der da liest und die da hören die Worte der Weissagung und behalten, was darin geschrieben ist; denn die Zeit ist nahe“ (Off. 1,3; 22,10). Im *Märchen* wird damit die Erlösung aus dem Zustand der Starre ankündigt. So ruft der Alte mit der Lampe im unterirdischen Tempel: „Es ist an der Zeit!“[64], später berichtet die Schlange: „ich hörte die großen Worte im Tempel ertönen: es ist an der Zeit.“[65], worauf Lilie hofft, die Worte bald dreimal gesprochen zu hören, was im Tempel dann auch geschieht: „Es wird sich offenbaren, sagte der Alte, denn es ist an der Zeit.“[66]

Neben den sprachlichen Merkmalen ist der Vergleich zwischen den Bildern des Neuen Jerusalems und dem Tempelbau im *Märchen* aufschlußreich. Der Evangelist sieht einen Tempel voraus. Die „Hütte Gottes bei den Menschen“ (Offb. 21,3) entsteht und bringt Gott den Menschen näher, so daß alles Leid ein Ende hat: „er wird bei ihnen wohnen [...] und Gott wird abwischen alle Tränen von ihren Augen, und der Tod wird nicht mehr sein“ (21,3-4). Die Heilige Stadt kommt „hernieder [...] aus dem Himmel von Gott“, „ihr Licht war gleich dem alleredelsten Stein, einem Jaspis, klar wie Kristall“ (21,10-11). Im *Märchen* kommt der Tempel nicht vom Himmel, sondern aus der Erde und steigt am Flußufer auf. Statt einer Stadtmauer mit zwölf Türmen entsteht aus den Edelsteinen der Schlange eine Brücke, die die getrennten Ufer verbindet.

Zur Edelsteinsymbolik ist noch anzuführen, daß der grüne Smaragd in der Bibel mehrfach erwähnt wird: Der Smaragd ist einer der zwölf Edelsteine im Brustbild des Hohepriesters (2. Mos. 28,17). In der *Offenbarung des Johannes* erscheint ein Regenbogen aus Smaragden (Off. 4,3), in der Stadtmauer des Neuen Jerusalem ist der vierte Grundstein ein Smaragd (Off. 21,19). Auf die freimaurerische Farbsymbolik bezogen weist Grün auf die Farbe der Schottenlogen, die Farbe steht für Johannes des Evangelisten, der für die Freimaurer neben Johannes dem Täufer steht.[67] Daraus ergibt sich für die Deutung des *Märchens*, daß auch die biblischen Motive und Anleihen (Johannes, der Evangelist; Grüne Edelsteine; Transmutationssymbolik) im Kontext der freimaurerischen Bildwelt zu verstehen sind.

Der Fährmann

> „An dem großen Flusse, der eben von einem starken Regen geschwollen und übergetreten war, lag in seiner kleinen Hütte, müde von der Anstrengung des Tages, der alte Fährmann und schlief."[68]

Zwei Irrlichter wecken den Fährmann, um bei Nacht übergesetzt zu werden. „Der Alte säumte nicht, stieß ab und fuhr, mit seiner gewöhnlichen Geschicklichkeit, quer über den Strom".[69] Als die ungebärdigen Lichter ihr Gold abschütteln, fordert der Fährmann als Lohn aber Früchte der Erde, drei Kohlhäupter, drei Artischocken und drei Zwiebeln. Dies bleiben ihm die Lichter jedoch schuldig. Nach dem Fortschaffen des Goldes, das den Fluß in Wallung bringt, „fuhr [er] nach seiner Hütte zurück".[70] Wenig später taucht der Fährmann am Ufer auf, wo das Weib des Alten mit der Lampe ihn zum Abtrag der Schuld erwartet und der Jüngling dem Kahn entsteigt. Da von jeder Feldfrucht jeweils noch ein Teil fehlt, kann der Fährmann die Ware nicht annehmen. Die Alte bittet ihn inständig, doch

> „Er blieb bei seiner abschläglichen Antwort, indem er sie versicherte, daß es nicht einmal von ihm abhange. Was mir gebührt, muß ich neun Stunden zusammen lassen, und ich darf nichts annehmen, bis ich dem Fluß ein Dritteil übergeben habe."[71]

Im weiteren Erzählverlauf bleibt der Fährmann verschwunden, bis die durch den aufsteigenden Tempel bewirkte Erschütterung ein merkwürdiges Ding hervorbringt:

> „Die kleine Hütte des Fährmanns, denn sie war es die der Tempel, im Aufsteigen, vom Boden abgesondert und in sich aufgenommen hatte, sank allmählich herunter und bedeckte den Jüngling und den Alten."[72]

Als das Raum-Gebilde bebt, irren die Frauen „Ängstlich [...] in der Dämmerung um die Hütte, die Türe war verschlossen und auf ihr Pochen hörte niemand"[73]. Schließlich beginnt die hölzerne Hütte zu klingen, und wir erleben eine weitere Transmutation, da sich die Hütte nun in Silber verwandelt:

> Das „edle Metall weißen kurzen die zufälligen Formen der Bretter, Pfosten und Balken und dehnte sich zu einem herrlichen Gehäuse von getriebener Arbeit aus. Nun stand ein herrlicher kleiner Tempel in der Mitte des Großen, oder wenn man will ein Altar des Tempels würdig."[74]

Aus dem Gehäuse treten der Jüngling und der Alte mit der Lampe, sowie „ein anderer",

> „der in einem weißen kurzen Gewand hervorkam und ein silbernes Ruder in der Hand hielt, man erkannte in ihm sogleich den Fährmann, den ehemaligen Bewohner der verwandelten Hütte."[75]

Goethe verwendet das Wort *Hütte* in diesem Abschnitt viermal und verbindet es mit der Figur des Fährmanns, in Spiegelung des Anfangs. Damit stellt sich am Wendepunkt der Erzählung heraus, daß die Hütte des Fährmanns eine eigene Motivfunktion hat.

Diese Merkwürdigkeit erklärt sich aus den Begebenheiten im *Märchen,* die neben dem Wiedersehen zweier Liebender hauptsächlich ein Baugeschehen schildern. Das Bauthema bildet auch den Schlüssel für die Figur des Fährmanns. Denn Goethe hat in der Figur des Fährmanns den von ihm verehrten Baumeister Andrea Palladio ein dichterisches Denkmal gesetzt. Mit Geburtsnamen hieß der große Architekt, der sich später Palladio nannte, *Andrea di Pietro della Gondola.* Benannt wurde er nach seinem Vater, Pietro della Gondola, ein Bruder des Vaters war Schiffer, vielleicht kommt der Familienname aus einer Berufstradition der Familie. Sicher ist, daß die Familie in Padua in der Nähe des Flusses Brenta wohnte, der Vater war ein Mühlenunternehmer und insofern lebte die Familie auch vom Strom.[76]

Verweise auf Palladio und seine Brücken sind in Goethes Briefen an Schiller aus der Entstehungszeit des *Märchens* enthalten.[77] Während Bezüge zu Schillers zeitgleich entstandenem Gedicht *Der Spaziergang* (*Elegie*) und die darin beschriebene Brücke offensichtlich sind, wurden die Zeugnisse bis jetzt nicht zum Textverständnis des *Märchens* herangezogen. An dieser Stelle ist an Goethes Erweckungserlebnis bei Anblick der Bauwerke Palladios zu Beginn der Italienreise zu erinnern, das er mit dem des Renaissancemystikers Jakob Böhme verglich:

> „Nur fühle ich leider, wie weit ich in diesen Kenntnissen zurück bin, doch es wird vorwärts gehen, wenigstens weiß ich den Weg. Palladio hat mir ihn auch dazu, und zu aller

> Kunst und Leben geöffnet. Es klingt das vielleicht ein wenig wunderlich, aber doch nicht so paradox, als wenn Jacob Böhme, bei Erblicken einer zinnernen Schüssel, durch Einstrahlung Jovis, über das Universum erleuchtet wurde." (Venedig, 8. Oktober 1786)[78]

Daß Palladio ihm den Weg „zu aller Kunst und Leben" geöffnet habe, ist eine Aussage, die auch herausgelöst aus der euphorischen Stimmung der Italienreise die Relevanz von Goethes Baupraxis hervorhebt. Parallel zu den prägenden Eindrücken auf der Italienreise hat Goethe eine intensive Beschäftigung mit der Baugeschichte aufgenommen, wie aus der Beschreibung seines Studienverfahrens hervorgeht. Voller Freude berichtet Goethe vom Gespräch in einer Buchhandlung, wo man ihn für einen Architekten hielt, als er eine faksimilierte Ausgabe der Schriften Palladios erwarb (Padua, 27. September 1786). Und 1795 schreibt Goethe an Johann Heinrich Meyer nach Italien:

> „Je mehr man den *Palladio* studiert, je unbegreiflicher wird einem das Genie, die Meisterschaft, der Reichtum, die Versatilität und Grazie dieses Mannes. Im einzelnen mag manches gegen seine Kühnheit zu erinnern sein, im ganzen sind seine Werke eine Grenzlinie die niemand ausfüllt und die so bald überschritten ist."[79]

Die *Vier Bücher zur Architektur* weisen Goethe den Weg in die Baukunst, Palladio ist sein Cicerone, außerdem Vitruv. Nichts ist Goethe zeitweilig wichtiger als die Aneignung architektonischen Wissens, womit er die Grundlage für die Planung der Bauvorhaben in Weimar legt. Vierzig Jahre nach dem Palladio-Erlebnis – und sicher nicht zufällig – wird eine besonders schöne Ausgabe Palladios den Katalog für den Turmbestand in der Herzoglichen Bibliothek beschließen.[80]

Goethes Verehrung von Palladio blieb bestehen, wie ein Tagebucheintrag seines Altersfreundes Sulpiz Boisserée eindrücklich belegt:

> „Italienische Reise. Freude an der Architektur. Rein persönliche Leidenschaft für Palladio, bis ins Krasseste, nichts als Palladio und nichts als Palladio."[81]

Am Ende des *Märchens* wird aus der Hütte des Fährmanns der Altar im neuen Tempel. Der verjüngte Fährmann steigt heraus, ein silbernes Paddel in den Händen haltend, sein Ruder wird schließlich als Attribut etabliert neben der Lampe des Alten und dem Schwert (des neuen Königs).

Zusammenfassend läßt sich sagen, daß Goethe in der Figur des Fährmanns seine Beschäftigung mit Palladio dichterisch nobilitiert, wozu auch die Erbauung des Tempels und der Brücke in Anlehnung an Palladios Entwürfe gehört.

Im Zusammenhang mit der Freimaurerei ist das Motiv des Bauens ein Sinnbild für das zu gestaltende, gelingende Leben, die freimaurerische Sprache und Bildwelt sind durchgehend geprägt vom Baugedanken, angefangen beim Salomonischen Tempel bis hin zur Arbeit am Rauhen Stein. Insofern kann das Märchen mit den großen Architekten Palladio und Vitruv als ein Baukunst-Märchen verstanden werden, in Verbindung mit den die Freimaurerei prägenden Baulegenden (Hiram, Quatuor Coronati).

Artischocken

Das Motiv der Artischocke führt zu einer unbekannten Seite der Freimaurerei in Weimar.

Drei Artischocken bleiben die Irrlichter als Lohn für das Übersetzen Fährmann und Fluß schuldig. Dies erinnert an die römischen Flußopfer beim Brückenbau. Die Baumeister mußten die Rituale kennen.[82] Dieses Wissen besitzt im *Märchen* der Fährmann, er läßt sich mit *Früchten der Erde* bezahlen, die er mit dem Gewässer teilt. Die Frau des Alten mit der Lampe zieht in ihrem Garten Artischocken.

Nicht erst durch die Italienreise, sondern bereits in Frankfurt hat Goethe die wohlschmeckenden „Stachelköpfchen" kennengelernt. Später versuchte er über Jahre mit Frau Christiane, die Disteln auch im Garten am Frauenplan zu ziehen, wo sie schlecht gediehen.[83] Artischocken-Sendungen aus dem klimatisch begünstigteren Frankfurt wurden sogar im Tagebuch vermerkt. So zieht die Nennung des Distel-Gemüses im *Märchen* einen gewissen Witz daraus, daß es für die umherlaufende Alte beinahe so schwer zu erlangen ist wie für den Feinschmecker in Thüringen.

Goethes Vorliebe für sie ist bekannt, für den Dichter bedeutete die Artischocke jedoch noch mehr, da er sie zu einem Symbol seiner und Carl Augusts Maurerei bestimmte. Es ist von der Forschung bislang unbemerkt geblieben, daß das Motiv der Artischocke an prominenten Stellen im Weimarer Bauprogramm angebracht wurde. So war Carl Augusts Sekretär im Römischen Haus mit vier vergoldeten Artischocken versehen, wobei die Vier-Zahl bedeutsam ist, indem sie die Logenform oder auch die vier Himmelsrichtungen symbolisiert.

Im Tempelherrenhaus sind die Artischocken im Eingang des Turms ein besonderes Zeichen. Während sie früher hinter der Eingangstür verborgen waren, sind sie heute für den Parkbesucher sichtbar. Schreitet man durch das Turmportal und blickt in den Himmel, sieht man an den Außenseiten zwölf aus Gips gearbeitete Artischocken.[84] Der Grundriß des Turms erinnert mit der Form eines länglichen Vierecks an die Logenform, zwölf ist die Mindestzahl an Männern für die Bildung einer Loge.

In Goethes Schriften aus der Zeit um die Entstehung des *Märchens* ist ein bisher unbeachteter Hinweis auf die private Symbolik der Artischocke enthalten. Er ist ein Beleg dafür, wie bedeutsam die Auseinandersetzung mit der Baukunst für Goethe war. Hinzu kommt, daß das Bauen mit dem maurerischen Streben in eins gesetzt wird. Im Stichwortkatalog zur *Vorbereitung zur zweiten Reise nach Italien*[85] (Briefe an Schiller vom 14. September und Meyer vom 16. November 1795) wird die Artischocke angeführt, etwas zu deren Geschichte und Verbreitung von Sizilien aus erläutert und mit einer Literaturangabe versehen: „Carciofi Artischocke. Beckmann II. 135.“. Dabei handelt es sich um den seltenen Druck von Johannes Beckmann *De historia naturali veterum libellus primus* (1766). Auf der angegebenen Seite findet sich jedoch kein Eintrag zu den eßbaren Disteln, sondern eine Stelle, die das Bauen und seine Geschichte zum Gegenstand hat, unter Verweis auf Palladio und Vitruv. In dem Kapitel III „De fabulis, quae in historia naturali veterum occurunt“ – *Von den Erzählungen, die in der Naturgeschichte der Alten erscheinen* – heißt es hier: „Qua de arbore etsi veteres, tanquam de re tunc temporis satis nota loquuntur, tamen viri docti hoc certe in re viris alioquin gravissimis, Plinio nimirum & Palladio, & Vitruvio fidem denegarunt.“[86]
Zu deutsch:

> „Wenn auch die Alten von diesem Baum so wie von einem damals sattsam bekannten Gegenstand sprechen, haben dennoch Gelehrte dies sonst für die Sache sicher bedeutenden Männern, wie zumal dem Plinius und dem Palladio und Vitruv, nicht geglaubt.“

Zum Verständnis: Im davorstehenden Satz (letzter Absatz, S. 136) ist von einer *larix* / Lärche die Rede, die weder brennen noch verkohlen noch auf andere Weise vom Feuer verzehrt werden könne.

Die Textstelle, die von der Artischocke zu den großen Baumeistern führt, ist eine Fundstelle, die uns Einblick gewährt in die eigene Ordnung Goethes. Die Artischocke erhält hierin eine metaphorische Bedeutung im Zusammenhang mit der Baukunst und der Freimaurerei. Freimaurer verstehen die Arbeit an sich selbst als lebenslange Aufgabe, wofür das Bild des Rauhen Steins steht, der geglättet werden muß, um harmonisch zu werden und sich in den großen Bau einzufügen. Analog dazu ist die Artischocke ein Gemüse, von dem das Beste der feine Boden ist, den man nach Entfernung der rauhen Blätter freilegt. Im Zusammenhang mit der Maurerei verbindet man mit der *Distel* die Schottenlogen bzw. den *Schottischen Ritus*, da die Distel die Wappenblume von Schottland ist. Und so ist auch dies ist eine Assoziation, die von der Artischocke zur Hochgradmaurerei weist. Ausgehend hiervon kommen wir zur nächsten zentralen Figur, dem *Alten mit der Lampe.*

Der Alte mit der Lampe

Ebenso wie der Fährmann hat der Alte mit der Lampe eine handlungsmotivierende Funktion, denn wie jener dem Jüngling die Überquerung des Flusses ermöglicht, ist dieser mit seinem Wissen und der Kraft seiner Lampe unentbehrlich. So rettet er den Jüngling vor der Fäulnis und erleuchtet den Tempel. Der Alte kennt die Geheimnisse und führt mit den Königen ein Tempelgespräch, worin er das Kommende voraussagt.

> „Warum kommst du, da wir Licht haben? fragte der goldene König. – Ihr wißt, daß ich das Dunkle nicht erleuchten darf. – Endigt sich mein Reich? fragte der silberne König. – Spät oder nie, versetzte der Alte.
> Mit einer starken Stimme fing der eherne König an zu fragen: wann werde ich aufstehen? – Bald, versetzte der Alte. – Mit wem soll ich mich verbinden? fragte der König – Mit deinen ältern Brüdern, sagte der Alte. – Was wird aus dem jüngsten werden? fragte der König. – Er wird sich setzen, sagte der Alte. [...]
> Indessen sagte der goldne König zum Manne: wie viel Geheimnisse weißt du? – Drei versetzte der Alte – Welches ist das wichtigste? fragte der silberne König. – Das offenbare, versetzte der Alte. – Willst du es auch uns eröffnen? fragte der eherne. – Sobald ich das vierte weiß, sagte der Alte.“[87]

Man kann, wie Guhrauer, den Alten mit der Lampe als „Mystagoge[n] des Tempels“ verstehen, er ist „Lehrer und Wegweiser der übrigen“.[88]

Nachdem die Schlange das vierte Geheimnis genannt hat, verkündet der Alte, daß es an der Zeit sei. Später versilbert er die Hütte des Fährmanns. Hier zeigt sich eine Parallele zwischen dem Fährmann und dem Alten, denn auch der Alte bewohnt eine einfache Hütte. Das schlichte Heim ist inwendig von Altgold überzogen. Aus der Schilderung seines Weibes erfahren wir, daß die Irrlichter das Gold von den Wänden heruntergeleckt hatten, worauf als Bausubstanz alte Steine zum Vorschein kamen, die die Alte „seit hundert Jahren nicht mehr gesehen“[89] habe.

Spricht man von einer *Hütte* im Zusammenhang mit der *Geschichte* (darauf deutet der zeitliche Verweis), kann es sich im Zusammenhang mit dem Baugeschehen einzig um eine Anspielung auf die Ur-Hütte handeln. Hiervon geht Vitruv als Ausgang aller Bautätigkeit aus, da die zu

Feuer und Sprache gekommenen Menschen mit dem Bau von Behausungen anfingen. Einen weiteren Hinweis auf das Vorbild liefert die Schilderung der Hütte des Alten mit der Lampe, „die an einen Berg angebauet war“[90], wie es Vitruv beschreibt als eine der ersten Bauweisen in Nachahmung der Schwalbennester (2. Buch, 1. Kap.).[91]

Im vorigen Abschnitt wurde die Figur des Fährmanns anhand des sprechenden Namens und seiner Attribute, Hütte und Ruder, als Figuration des Baumeisters Palladio gedeutet. Hieraus ergibt sich die Frage, inwiefern die Figur des Alten mit der Lampe, außer durch den Verweis auf die Ur Hütte, auf den römischen Architekten und Konstrukteur *(Marcus) Vitruvius (Pollio)* hinweist. Der Alte ist der, „mit der Lampe“, genauer, mit der Ampel, zu lat. ampulla (Lampe), wodurch sich eine Assonanz zu dem Namen Pollio ergibt.

> „Er war als ein Bauer gekleidet und trug eine kleine Lampe in der Hand, in deren stille Flamme man gerne hinein sah, und die auf eine wunderbare Weise, ohne auch nur einen Schatten zu werfen, den ganzen Dom erhellte.“[92]

Der Alte mit der Lampe kennt den Eingang in den Berg und leuchtet der Gruppe durch die Stollen zum Heiligtum:

> „Meine Herrn sagte darauf der Alte ehrerbietig […] nunmehr zeige ich ihnen den Weg und eröffne den Gang […] der Alte mit der Lampe ging voraus in den Felsen, der sich vor ihm auftat“.[93]

Sein magisches Licht – das Steine vergoldet, Holz versilbert und Organisches vor Verwesung bewahren kann – ist als zentrales Motiv mit der Licht- und Transmutationsmetaphorik des *Märchens* verbunden.

Über das Leben Vitruvs ist wenig bekannt, Vor- und Beinamen sind nicht gesichert. Er kam wohl aus der südlichen

Provinz. Aus den spärlichen Informationen läßt sich kein sprechender Name oder Attribut ableiten. Im *Märchen* verweisen bäuerliche Kleidung und die Artischocken im Garten der Alten auf eine Beheimatung im Süden. Vitruv ist hier innerhalb eines Ackerbaustaates, der das Römische Reich auf latinischem Gebiet hauptsächlich ausmachte, dargestellt. Goethe hat mit der Lampe ein charakteristisches Utensil für den Baumeister gefunden, das durch die Lichtsymbolik einen erweiterten Sinn erhält. Ziehen wir hierzu die Hauptquelle heran, Vitruvs *Zehn Bücher über Architektur* (*De architectura libri decem*), die einzige überlieferte Schrift zur Bautheorie und Praxis des Ingenieurswesens der Antike. Goethe erwarb eine lateinische Vitruv-Ausgabe in Venedig, worüber er ins *Reise-Tagebuch* schreibt:

> „Ich habe nun einen Vitruv den muß ich studieren, damit ich erleuchtet [sic!] werde."[94]

Begeistert fährt er fort, „mit welcher Andacht" er darin liest (9. Oktober 1786). Zu seiner Lektüre führt er aus:

> „Die Baukunst steigt vor mir wie ein alter Geist aus dem Grabe, sie heißt mich ihre Lehren wie die Regeln einer *ausgestorbnen Sprache* studieren, nicht um sie zu üben oder mich in ihr lebendig zu freuen, sondern um die ehrwürdige und ewig abgeschiedne Existenz der vergangnen Zeitalter in einem stillen Gemüt zu verehren." (10. Oktober)[95]

Goethe erfährt die Vitruv-Lektüre als *Erleuchtung*, analog zum Palladio-Erlebnis, das ihm auf der ersten Reisestation *Erweckung* war. Vitruv leuchtet als antiker Baumeister dem Renaissance-Meister voran, Goethe lernt aus ihren Werken die Grundlagen der Baukunst im historischen Rückbezug. Säulenordnung, Proportionsästhetik, Gebäudetypik, Ausstattung sowie technische Baufragen auf allen Ebenen sind

Gegenstand der Schriften Vitruvs, die Goethe sowohl im Original als auch in der italienischen Übertragung liest.

Daß in der Tat einer *lucerna*, einer Lampe, in Vitruvs Lehrbuch eine wichtige Funktion zukommt, zeigt die Abhandlung über die Wasserversorgung im achten Buch der *Zehn Bücher über Architektur.* Mit Neuerungen zu Wasserverteilung und Rohrsystemen hatte sich Vitruv in Rom Verdienste erworben. So geht es im besagten Abschnitt um eine neue Methode bei Gasaustritten in Brunnenschächten:

> „Man läßt eine brennende Lampe hinab: bleibt sie brennen, so kann man ohne Gefahr einfahren: erlischt sie aber im dicken Dunste; so gräbt man zur Rechten und Linken des Brunnens Zuglöcher – *aestuarium* – welche eben so den Wetterwechsel, wie die Nasenlöcher das Athemholen, bewirken.“ (8. Buch, Kap.6)[96]

Vitruv weist an dieser Stelle auf die Gefahr hin, daß Arbeiter oft beim Brunnenbau den giftigen Erdgasen nicht schnell genug ausweichen können und im Schacht sterben. Damit rettet die Lampe als Prüfinstrument Leben. Mit Lampen kann man auch unterirdisch Verborgenes entdecken und so schlägt Vitruv die Aufstellung von Tonlämpchen zum Aufspüren von Wasseradern vor (8. Buch, Kap.1).

Im *Märchen* rettet die Lampe des Alten dem Jüngling das Leben, indem sie den Körper vor der Verwesung bewahrt. Sie leuchtet den Wanderern beim Gang durch das unterirdische Stollensystem, bis sie das Heiligtum erreichen. Dort tut sich ein unterirdisches Gewölbe in Kuppelform auf und auch hiermit stellt sich wieder eine Assoziation zu Vitruv ein. So war die Kuppel der Villa Capra (genannt La Rotonda) in Vicenza – ein Goethe in Erstaunen versetzendes Gebäude – Ergebnis von Palladios Schulung an Vitruv.[97] Goethe hat in seinem ersten, anonym herausgebrachten Aufsatz *Von*

Deutscher Baukunst (1772) gegen die „protoplastischen [urbildlichen] Mährchen" im Sinne von Entstehungsmythen des Bauens polemisiert und gegen sogenannte Philosophen, die bis zum heutigen Tag daraus „Principien und Geschichte der Künste" erdrechselten.[98] Dies paßte zwar zum Hymnus auf den Baumeister Erwin von Steinbach und die Erfahrung des gotischen Sakralbaues in Straßburg, nicht aber zu Goethes späterem Verständnis der Baugeschichte, das ohne Studium Vitruvs nicht denkbar gewesen wäre. Gleich nach seiner Rückkehr aus Italien verfaßt Goethe den Aufsatz *Baukunst* (1788), worin er die Ur-Hütte erneut aufgreift und mit dem Begriff des Märchens verbindet:

> „Es war sehr leicht zu sehen, daß die Steinbaukunst der Alten, in so fern sie Säulenordnungen gebrauchten, von der Holzbaukunst ihr Muster genommen habe. *Vitruv* bringt bei dieser Gelegenheit das Märchen von der Hütte zu Markte, das nun auch von so vielen Theoristen angenommen und geheiliget worden ist: allein ich bin überzeugt, daß man die Ursachen viel näher zu suchen habe."[99]

1795 literarisiert Goethe die Ur-Hütte als Behausung des Alten mit der Lampe und baut sie im *Märchen* wie ein Schwalbennest an den Berg. Damit ist verbunden, daß der Alte den Eingang in den Berg und die unterirdischen Wege kennt. Auf diese Weise hat Goethe die wichtigste Architekturätiologische Erzählung poetisch nobilitiert und ihrem Schöpfer Vitruv damit ein Denkmal gesetzt.

Die Lilie und der Jüngling

Die Figur der Lilie gehört einer biographischen Schicht des Textes an.[100] Dem Thema der Studie *Goethes Römisches Haus – Ein Freimaurertempel* folgend, wurden in dem Abschnitt zur Figur der Lilie hauptsächlich Aspekte dargestellt, die mit dem masonischen Bezugsrahmen in Verbindung stehen. In der vorliegenden Ausarbeitung werden die bisherigen Ergebnisse um zahlreiche biographische Referenzen und die Darstellung intertextueller Bezüge erweitert.

Die Lilie wird als unvergleichlich schönes Mädchen geschildert, das in einer Art Jenseitswelt lebt, umgeben von einem merkwürdigen Garten, den sie selbst angepflanzt hat: Die Bäume des Parks entwuchsen Reisern auf den Gräbern von Liliens Tieren. Artischocken sind im Garten der Lilie nicht zu finden, doch wachsen hier sehr wohl mediterrane Gehölze wie Pinien und Zypressen. Ein großer See gehört zum Park, der nur auf den ersten Blick einen *locus amoenus* darstellt. Außer Liliens drei Gespielinnen gibt es keine weitere Gesellschaft. Schon lange harrt die Lilie in ihrem todumwehten Reich aus und wartet auf Zeichen, die den Bau des Tempels ankündigen, denn sobald die Weissagung eintritt, wird sie erlöst. Kunstvoll vermag die Schöne die Harfe zu spielen und dazu ausdrucksvoll zu singen. Der Jüngling, ein Prinz, dem in der Vergangenheit übel mitgespielt wurde und dessen gutgemeintes Handeln erfolglos geblieben ist, ist gekommen, seine Geliebte von dort abzuholen. Damit ist einer der Handlungsstränge des *Märchens* benannt. Der Jüngling will das Mädchen zu seiner Frau machen, dafür hat er eine lange, beschwerliche Reise ausgestanden. Im Verlauf der Handlung muß er sich weiteren Prüfungen stellen, bevor der Wunsch in Erfüllung geht.

Wie der Fährmann hat auch die Lilie im *Märchen* einen sprechenden Namen, da der Figurenentwurf in Goethes Verlobter Lili Schönemann sein Vorbild hat. Anna Elisabeth Schönemann (1758-1817, heiratete 1778 Bernhard Friedrich von Türckheim), von Goethe *Lili* (oder *Lilli*) genannt, blieb zeitlebens die einzige Frau, mit der Goethe ein Verlöbnis eingegangen ist.[101]

Neben der eingängigen sprachlichen Assonanz Lili – Lilie ist an dieser Stelle die Symbolbedeutung der Lilie im *Hohelied Salomos* anzuführen: *Eine Lilie unter Disteln / ist meine Freundin unter den Mädchen* (Hld, 2,2). Zu seiner Verlobungszeit hat Goethe Teile des Hohelieds nach Luthers Verdeutschung nachgedichtet, daher auch in *Dichtung und Wahrheit* das eingefügte Zitat: „Es war ein Zustand, von welchem geschrieben steht: »Ich schlafe aber mein Herz wacht.«“[102], womit sich Goethe auf den Vers 5,2 des Hohelieds bezieht.

Aus Selbstzeugnissen, vor allem aber den Rechenschaft ablegenden Kapiteln von *Dichtung und Wahrheit*, geht hervor, wie stark das Mädchen Goethe anzog, aber auch, wie ambivalent diese Beziehung war. Lilis Welt war die Sphäre der Mode und gesellschaftlichen Vergnügungen, Goethe benennt dies als Hauptgrund für die Entfremdung von der Geliebten. Als Eigentümer eines Bankhauses gehörten die Schönemanns ersten Kreisen an, Lili wuchs in der Atmosphäre der Rokoko-Salons auf, von ihren Capricen berichten Briefe Goethes. Dies, die Angst vor zu früher Bindung und künstlerischem Scheitern mögen Teil der Erklärung für Goethes Fluchtreflex sein. Hinzu kam die Ablehnung des Verhältnisses durch beide Familien, begründet in verschiedener Konfession und Lebensführung. Nicht zuletzt wirtschaftliche Überlegungen der nach dem Tod des Familienoberhauptes inzwischen nicht mehr so gut gestellten Schönemanns werden dabei eine Rolle gespielt haben. Zudem lehnte auch Goethes Schwester Cornelia die Verbindung ab und versuchte, ihren Bruder zur Aufgabe des Verhältnisses zu bewegen. In all den Wirren überraschte Lili mit dem Vorschlag, sie wolle mit Goethe nach Amerika auswandern, wie ihm Dritte übermittelten.[103] Die endgültige Trennung von Lili sei der eigentliche Grund für sein Kommen nach Weimar gewesen, äußerte Goethe im Alter gegenüber Friedrich Soret:

> „Der vierte Band von *Wahrheit und Dichtung* [sic!]," fuhr er fort, „wo Sie die jugendliche Glücks- und Leidensgeschichte meiner Liebe zu Lili erzählt finden werden, ist seit einiger Zeit vollendet. Ich hätte ihn längst früher geschrieben und herausgegeben, wenn mich nicht gewisse zarte Rücksichten gehindert hätten, und zwar nicht Rücksichten gegen mich selber, sondern gegen die damals noch lebende Geliebte. Ich wäre stolz gewesen, es der ganzen Welt zu sagen, wie sehr ich sie geliebt; und ich glaube, sie wäre nicht errötet zu gestehen, daß meine Neigung erwidert wurde. Aber hatte ich das Recht, es öffentlich zu sagen ohne ihre Zustimmung? Ich hatte immer die Absicht, sie darum zu bitten; doch zögerte ich damit hin, bis es denn endlich nicht mehr nötig war [...] Sie war in der Tat die erste, die ich tief und wahrhaft liebte. Auch kann ich sagen, daß sie die letzte gewesen; denn alle kleinen Neigungen, die mich in der Folge meines Lebens berührten, waren, mit jener verglichen, nur leicht und oberflächlich. „Ich bin", fuhr Goethe fort, „meinem eigentlichen Glücke nie so nahe gewesen, als in der Zeit jener Liebe zu Lili. Die Hindernisse, die uns auseinanderhielten, waren im Grunde nicht unübersteiglich – und doch ging sie mir verloren! Meine Neigung zu ihr hatte etwas so Delikates und etwas so Eigentümliches, daß es jetzt in Darstellung jener schmerzlich-glücklichen Epoche auf meinen Stil Einfluß gehabt hat. Wenn Sie künftig den vierten Band von *Wahrheit und Dichtung* lesen, so werden Sie finden, daß jene Liebe etwas ganz anderes ist, als eine Liebe in Romanen."" (Gespräch mit Soret, 5. März 1830)[104]

Goethe hat den IV. Teil von *Dichtung und Wahrheit*, worin die Lili-Kapitel enthalten sind (Buch 16-20) zur postumen Veröffentlichung durch Eckermann bestimmt. Das 17. Buch schildert den 17. Geburtstag Lilis und die ungewöhnlichen Umstände der Verlobung. Im 18. und 19. Buch beschreibt Goethe die Schweizer Reise, veranlaßt durch den Zwiespalt seiner Gefühle, das 20. Buch erzählt von der Rückkehr nach Frankfurt bei zunehmender Entfremdung von der Verlobten: „Es war ein verwünschter Zustand, der sich in einem gewissen Sinne dem Hades, dem Zusammensein jener glücklich-unglücklichen Abgeschiedenheit verglich."[105] – ein Vergleich, der an Liliens Reich im *Märchen* erinnert.

Goethe beendet seine Mémoires mit dem Entschluß, der Einladung des jungen Herzogs von Sachsen-Weimar zu folgen, nach einem letzten heimlichen Besuch vor dem Haus der Schönemanns. Friedrich Soret gegenüber stellt er noch Jahrzehnte später heraus, daß sein Verhältnis zu Lili seinem Leben eine andere Richtung gegeben habe:

> „und ich sage nicht zu viel, wenn ich behaupte, daß meine Herkunft nach Weimar und mein jetziges Hiersein davon eine unmittelbare Folge war."[106]

Den weiteren Lebensweg Lilis, die Auflösung auch ihrer zweiten Verlobung, ihren Ehestand, schließlich auch ihre persönliche Bewährung zur napoleonischen Zeit, hat Goethe mit Anteil aus der Ferne verfolgt (An Elisabeth v. Türckheim, 14. Dezember 1807). Ihr Schicksal als einer ‚deutschen Ausgewanderten' hat Titel und Rahmen von Goethes Novellensammlung offensichtlich beeinflußt.

Neben zahlreichen Lili zugeeigeten Gedichten sind Wesenszüge der Verlobten in verschiedene Werke eingeflossen. Das Singspiel *Erwin und Elmire* (Erstfassung 1775) widmete Goethe Lili („Den kleinen Strauß, den ich dir binde / Pflückt ich aus diesem Herzen hier") wie auch das Drama *Stella. Ein Schauspiel für Liebende* (1775). Züge Lilis finden sich in der Figur der Dorothea (*Hermann und Dorothea*,

1797)[107] und in der Iphigenie (*Iphigenie auf Tauris*, Erstfassung 1779). Auch in das Märchen *Die Neue Melusine* ist die Lili-Geschichte eingeflossen, das geht aus dem Motiv des Ausbrechens aus buchstäblich zu engen Verhältnissen eines Bräutigams und die Entfernung von einer Geliebten hervor. G. Blod weist im Zusammenhang mit den entsprechenden Passagen in *Dichtung und Wahrheit* darauf hin, daß die Adjektive „wunderlich“ und „wundersam“ darin überproportional häufig vorkommen und die Liebesgeschichte damit sprachlich in die Nähe von Märchen gestellt wird. Die Autorin deutet die Lili-Kapitel daher als letztes Märchen in Goethes autobiographischer Dichtung.[108]

Neben dem Namen erinnert im *Märchen* Liliens virtuoses Harfenspiel an Goethes Lili, die mit Leichtigkeit Klavier spielte.[109] Kennengelernt hatte Goethe sie bei einem Hauskonzert. Ein weiterer Hinweis auf die frühere Liebe ist die Situierung in einer Gartenanlage, dem „Park der schönen Lilie“.[110] Die Bezeichnung stellt einen Bezug zu dem Gedicht *Lilis Park* (1775) her, das in *Dichtung und Wahrheit* aufgenommen ist. In dem Gedicht macht der Verliebte seiner Eifersucht Luft, indem er die zahlreichen Verehrer seiner Freundin als Menagerie beschreibt, „arme[n] Prinzen allzumal in nie gelöschter Liebesqual“ (auch der Jüngling im *Märchen* ist ein abgewiesener Prinz), die um die Gunst der zaubermächtigen „Fee“ buhlen.[111] Ähnlich wie im *Märchen* vermag die Fee Lili mit ihren Lockrufen Unbelebtes zu beleben, wenn die Verehrer in allen Gestalten aus dem Gehölz kriechen. Auch kann sie einen wilden Bären (so bezeichnete sich Goethe zur Zeit der Schweizer Reise selbst) damit zähmen. Im *Märchen* hält die Lilie sich Tiere, die sie jedoch öfter durch unwillkürliche Berührung tötet. Zwar vermag sie den versteinerten Mops nicht wieder in ein Wesen von Fleisch und Blut zurückverwandeln, doch belebt sich der

Stein unter ihren Händen. Die Statue von Onyx springt bald als drolliges Hündchen umher, das zusammen mit der lamentierenden Alten ein komödiantisches Element des *Märchens* darstellt. So wird die traurige Schöne nicht müde den Mops zu necken, an ihren Busen zu drücken und gar auf die schwarze Schnauze zu küssen, so daß dem Jüngling die Sinne vergehen mögen vor Eifersucht auf diese „widernatürliche Mißgeburt“.[112]

Mit dem Mops wird ein weiteres Kapitel im Geheimbundwesen des 18. Jahrhunderts aufgeschlagen, das des Mopsordens, über dessen merkwürdige Bräuche Peraus Verräterschrift Auskunft gab (*L' ordre des Francs-Maçons trahi et le Secret des Mopses révelé*, Amsterdam [d.i. Frankfurt] 1745).[113] Die Bräuche der Mopsgesellschaft tragen die galante Schrift des Rokokos, es sind halb scherzhaft, halb ernstgemeinte Travestien des Geheimbundwesens. Als gemischte Orden an katholischen Residenzen um 1740 gegründet, parodierten die Mopsdamen und -Herren freimaurerische Rituale in Anbetung ihres Maskottchens in Form von Meißener Porzellanfiguren, denen man im Namen der Liebe bei Aufnahmen das Hinterteil küßte. Der Mops stand im System des Ordens für Treue und Standhaftigkeit, ein Mopsmedaillon trugen die Mitglieder als Bijou. Eine der wichtigsten Vertreterinnen, Markgräfin Wilhelmine von Bayreuth (1709-1758, Schwester Friedrichs des Großen, ‚Großmeisterin‘ dieses Ordens ebd.), wurde 1740 in Frankfurt aufgenommen. Auch Perau verweist auf eine dortige Loge.

Ob Lili Verbindungen zum Mopsorden hatte, läßt sich anhand des Quellenmaterials nicht nachvollziehen. Sicher ist, daß die Familien Schönemann und d' Orville Mitbegründer der ersten Frankfurter Freimaurerloge *Zur Einigkeit* waren (gegr. 1742). Goethe besuchte die Loge 1775 als Gast, in Begleitung seiner Freunde Stolberg-Stolberg und Haugwitz, eine Aufnahme lehnte er jedoch ab.[114] In *Dichtung und Wahrheit* sind diese Begebenheiten unter Bezugnahme auf seine Liebe zu Lili aufgenommen. Goethe beschreibt den Schwebezustand, in dem sich die Liebenden befanden und fährt mit Blick auf die Loge fort:

> „Selbst die angesehne wohlgegründete Freimaurer-Loge mit deren vornehmsten Gliedern ich eben durch mein Verhältnis mit Lili bekannt geworden war, wußte auf schickliche Weise meine Annäherung einzuleiten; ich aber, aus einem Unabhängigkeitsgefühl welches mir später als Verrücktheit erschien, lehnte jede nähere Verknüpfung ab, nicht gewahrend daß diese Männer wenn schon in höherem Sinne verbunden, mir doch bei meinen, den ihrigen so nah verwandten Zwecken hätten förderlich sein müssen."[115]

Kommen wir nochmals auf die Geschehnisse des *Märchens*: Zum Mops-Motiv kommt die der Lilie zugeordnete Liebesthematik, in Anspielung auf die Verfassung des Mopsordens.[116] Nach der Erhebung des Jünglings holt er die Lilie bei der versilberten Fährmannshütte ab. Vorher überreichen ihm die Könige Insignien von maurerischer Tugend und Weisheit. So erhält er vom ehernen König ein Schwert für die Stärke (mit Vernunft zu brauchen – ‚Scheide im Schwert, die Rechte frei!'), vom silbernen König ein Zepter (Schönheit der Welt und Kontemplation: ‚Weide die Schafe!') und vom goldenen König einen Eichenkranz für die Weisheit (‚Erkenne das Höchste'). Daneben wird die Liebe als „vierte Kraft"[117] etabliert. Der Alte mit der Lampe bescheidet dem Jüngling lächelnd: „die Liebe herrscht nicht, aber sie bildet und das ist mehr."[118] Die gute Wendung, die das *Märchen* mit dem Tempelbau und der Eheschließung nimmt, ist nichts weniger als die Überwindung der Zeit, in der das Paar durch ein „trauriges Geschick" in „einer getrennten Gegenwart"[119] lebte.

Nun, da das jenseitige und diesseitige Ufer als Allegorien auf Vergangenes und Gegenwärtiges verbunden sind, steht dem jungen Königspaar eine bedeutende Zukunft bevor. Der Fluß wird zum Jungbrunnen und es gilt auf Geheiß des Alten mit der Lampe, daß „von heute an […] keine Ehe gültig“ ist, „die nicht aufs neue geschlossen wird“.[120]

Kommen wir auf die Lili-Kapitel in *Dichtung und Wahrheit* zurück. Im 18. Buch hat Goethe eine biographische Schilderung auf den Schluß des *Märchens* mit der Lilie als junger Königin hinterherschickt, lange nach Abfassung des *Märchens* und Lilis Tod 1817.

Im Juni 1775 wanderte Goethe während der Schweizer Reise nach Maria Einsiedeln, einem Wallfahrtsort im Kanton Schwyz. Der Passage sind zwei auf Lili bezogene Gedichte vorangestellt. Nach dem Besuch in der Kirche der Benediktinerabtei besichtigt Goethe die Schatzkammer des Klosters, „Doch ganz andere Aufmerksamkeit erregte der Anblick eines darauf eröffneten Schrankes“[121], worin das Kloster Kronen aufbewahrte. Hier entdeckt Goethe „Eine Zackenkrone im Kunstsinne der Vorzeit, wie man wohl ähnliche auf den Häuptern altertümlicher Königinnen gesehen“, und fährt fort:

> „aber von so geschmackvoller Zeichnung von solcher Ausführung einer unermüdeten Arbeit, selbst die eingefugten farbigen Steine mit solcher Wahl und Geschicklichkeit verteilt und gegeneinander gestellt – genug, ein Werk der Art, daß man es bei dem ersten Anblick für vollkommen erklärte“[122]

Dieses „Krönchen“ bittet Goethe in die Hand nehmen zu dürfen und als er die Erlaubnis dazu erhält, fühlt er sich Lili an diesem Ort plötzlich höchst verbunden, denn:

> „als ich solches in der Hand anständig haltend in die Höhe hob, dacht' ich mir nichts anderes als ich müßte es Lili auf die hellglänzenden Locken aufdrücken, sie vor den Spiegel führen und ihre Freude über sich selbst und das Glück das sie verbreitet, gewahr werden."[123]

Goethe bezeichnet dies als eine Szene, an die er oft gedacht und mit der ein talentierter Maler einen „höchst sinn- und gemütvollen Anblick" hätte gestalten können. Er schließt mit dem im Kontext des *Märchens* bedeutsamen Satz:

> „Da wäre es wohl der Mühe wert der junge König zu sein der sich auf diese Weise eine Braut und ein neues Reich erwürbe."[124]

Damit schlägt Goethe den Bogen vom biographischen Erleben zum *Märchen*: Er holt die verlassene Verlobte im *Märchen* aus der Vergangenheit und stellt sie als Figur in den Kontext des maurerischen Wandelns. Eine weitere Parallele zwischen Leben und Dichtung ergibt sich aus dem Geprüftsein, die Lilie muß vor ihrer Erlösung in der Einöde ausharren, ihr vorheriges Schicksal bleibt ungenannt. Im *Märchen* wird Lilie am Schluß zur Königin. Sie wirft den Schleier ab und erscheint in „größter Herrlichkeit geschmückt"[125], um aus dem Tempel vor das Volk zu treten. So hat Goethe in seinem *Märchen* die traumgleiche Vorstellung aus dem Schweizer Kloster dichterisch verwirklicht.

G. Brandes spürte aus dem *Märchen* heraus, daß der Text auf private Adressaten hin codiert ist und fand dafür das Bild von Schränken, die kein Teufel öffnen könne und für die man ein Dutzend Schlüssel und ein Zauberwort benötige.[126] Unsere Untersuchung bestätigt dies. Der Text hat in dieser Schicht Bekenntnischarakter und die frühere Geliebte sollte wohl davon erfahren. So ist auch die Frage zu beantworten, warum Goethe auf die Verbreitung seines Rätsel-Märchens solchen Wert legte. Durch das Ratespiel und die persönlichen Verbindungen (etwa über die Familie von Egloffstein) erhöhten sich die Chancen, daß Lili, Elisabeth von Türckheim, auf das *Märchen* aufmerksam wurde.

Die Vier Könige: Quatuor Coronati

Nach dem Aufstieg des Tempels überreichen drei Könige dem Jüngling: Eichenkranz, Zepter und Schwert, die wir in der Auslegung der damit verbundenen Sinnsprüche als Symbole für die drei maurerischen Lichter deuten, denn: „drei sind die da herrschen auf Erden: die Weisheit, der Schein und die Gewalt."[127]

An dieser Stelle ist zu fragen, welche Bedeutung den *Vier Königen* im unterirdischen Tempel zukommt.[128] Und weiter ergibt sich die Frage, weshalb einer der vier Könige im Verlauf der Handlung in sich zusammen- und damit gleichsam herausfällt. Versuchen wir im gegebenen Rahmen eine Deutung dieser Figurengruppe. Es ist im Text mehrfach von den Kronen der Könige die Rede, die aus demselben Metall bestehen wie die jeweilige Statue, nämlich Gold, Silber und Erz. Der vierte König besteht aus einer Legierung und ist nicht richtig zusammengefügt, denn als die Irrlichter das Gold aus den Fugen saugen, sackt die Figur in sich zusammen. Wie auch das zeternde alte Weib ist der vierte König ein komisches Element des *Märchens,* er beschwert sich immer wieder lautstark in die Szene hinein über seine Vernachlässigung und erinnert damit an Figuren aus dem Stegreif-Theater.

Zur Deutung der Figurengruppe der Vier Könige wenden wir uns noch einmal dem Bauen als Allegorie der Freimaurerei zu, denn dies ist das Thema von Goethes *Märchen.* Die Bedeutung der Könige steht mit dem maurerischen Baugedanken in Zusammenhang, da wir im Kontext des *Märchens* eine Verbindung zu den *Vier Gekrönten Märtyrern,* den *Quatuor Coronati,* ausmachen können, von denen die *Legenda Aurea* und *Legenda Sanctorum* berichten: Von alters her gelten die Vier Gekrönten als Schutzheilige der Steinmetze und Bildhauer.[129] Die verschlungene Heiligenlegende um die Vier Gekrönten umfaßt eine Gruppe mehrerer frühchristlicher Märtyrer, zunächst vier Steinmetze, Claudius, Castorius, Simphorianus, Nicostratus, zu denen ein fünfter kam, Simplicius, die sich unter dem Kaiser Diokletian weigerten, Götzenbilder zu hauen, worauf sie ihr Martyrium erlitten. In Bleisärgen wurden sie im Fluß versenkt. Eine andere Gruppe von vier Soldaten, *cornicularii* (Unteroffiziere mit hornförmigen Abzeichen) erlitt das Martyrium, da sie sich weigerte, dem Asklepius zu huldigen. Beide Gruppen wurden im Lauf der Zeit zu den Vier Gekrönten zusammengefaßt, Gedenktag ist der 8. November, Attribute der Steinmetz-Gekrönten sind Winkel, Waage, Zirkel und Richtscheit.

Die Freimaurerei des 18. Jahrhunderts griff im Rahmen des Baugedankens die Quatuor Coronati auf. Die älteste Belegstelle über die Vier Gekrönten als Patrone der Bauhütten ist das *Regius-Manuskript* (um 1390), eine mittelenglische Steinmetz-*Constitution* in Paarreimen. Der Absatz: *Ars quatuor Coronatorum* ruft die standhaften Steinmetze an:

> „Bitten wir nun zu Gott dem Allmächtigen,
> Und zur Mutter Maria der süßen und prächtigen,
> Daß wir diese Artikel halten
> Und diese Punkte in allen Gestalten,
> Wie vordem die heiligen Märtyrer vier,
> Die der Kunst gedient zu großer Zier,
> Gute Maurer, wie sie nur jemals erlesen,
> Steinschneider, Bildhauer sind sie auch gewesen."[130]

Als historische Referenz diente den frühen Logen außerdem die Straßburger Steinmetzordnung von 1459. In diesem spätmittelalterlichen Dokument heißt es in der Präambel:

> „Im Namen des Vaters, des Suns und des Heiligen Geistes und der würdigen Mutter Marien und auch ir seligen Diener, der Heiligen Vier gekrönten zu ewigem Gedächtnis angesehen."[131]

Entsprechend der Bedeutung der Straßburger Steinmetz-Bruderschaft finden sich am Helm des oktogonalen Nordturms Figurengruppen mit zwei und zweimal vier Figuren, die auch Steinmetze mit ihrem Handwerkszeug zeigen: „Die Ausrichtung und die Bedeutung [...] sind den Bauhandwerkern, die Tradition und Brauchtum, Zeremonien und Rituale pflegen, genau bekannt."[132] Eine Beziehung zu den Quatuor Coronati ergibt sich aus der Vierzahl und daß es sich um zwei Gruppen handelt, die zu den Vier Gekrönten zusammengefaßt sind. Für die Steinmetz-Bruderschaft war der Legendenstrang um die frühchristlichen Steinmetze von symbolischer Bedeutung. Die Entnahme der Quatuor Coronati aus dem Heiligenkatalog als Schutzpatrone von Steinmetzen und Bildhauern überführte die Märtyrergruppe für die Steinmetz-Bruderschaften in ihren Ritualbereich, den die Freimaurer des 18. Jahrhunderts in ihrer symbolischen Baumetaphorik aufhoben und so aus der christlichen Heiligenwelt herauslösten. Die Idee, daß Steinmetze eine moralische Standhaftigkeit bewiesen, indem sie ein Martyrium dem Verrat ihrer Überzeugung vorzogen, paßte vorzüglich zu den Codizes der verschwiegenen Bünde.

Die Erwähnung von Straßburg führt zu Goethes Aufsatz *Von Deutscher Baukunst*. Durch die Beschäftigung mit dem Straßburger Münster wird Goethe die Steinmetzordnung bekannt gewesen sein und er mag in diesem Zusammenhang auch die Legende der Vier Gekrönten kennenglernt haben. Daß ihn das Thema der mittelalterlichen Steinmetz-Vereinigungen interessierte, läßt sich aus einer Stelle des von Sulpiz Boisserée angeregten Aufsatzes *Kunst und Alterthum an Rhein und Mayn* (1816) ableiten, worin Goethe den Begriff „Bauhütte" prägt. Spätestens seit dem Rom-Aufenthalt waren Goethe die Quatuor Coronati durch die ihnen geweihte *Basilika Santi Quattro Coronati* auf dem Celio bekannt.

Wenden wir uns der Deutung der Vier Könige im *Märchen* zu. Die Könige stehen im Heiligtum, sie führen weise Dialoge und überreichen die Insignien. Hingeführt wird der Jüngling vom Alten mit der Lampe. Dort taucht der Fährmann wieder auf. Die Figurationen von Vitruv und Palladio im *Märchen* stehen im Kontext von Goethes Rezeption der Baugeschichte. Während diese Figuren ihr Vorbild in historischen Personen haben, sind die Vier Gekrönten dem Bereich der Legende zuzurechnen. Wir können die Vier Gekrönten nach Goethes Mythologie-Verständnis als um- und überformbares Motiv verstehen, nämlich „wenn der gefundene Mythos in den Zusammenhang der Bilderwelt tritt, welche ihn mit anderen Mythen erfindungsreich verbindet." (W. Killy).[133]

Das *Märchen* läßt sich in dieser Sinnschicht wie folgt verstehen: Die Baumeister – Vitruv und Palladio – kommen mit dem Adepten in den Unterirdischen Tempel, wo die als Standbilder verewigten Schützer allen Bauens ihre Fragen stellen. Dabei befinden sie sich (noch) unter der Erde. Die Heiligenlegende besagt, die widerständigen Steinmetze wurden im Fluß versenkt, im *Märchen* unterqueren die Könige den Fluß und steigen am Ufer wieder auf. Im allgemeinen Transformationsprozeß erfahren auch die Vier Gekrönten ihre Umwandlung: Die drei reinen Könige stehen im neuen Tempel auf, sie werden zu den „drei heiligen Bildsäulen"[134] und versinnbildlichen die Maurertugenden. Der Klumpen des zusammengesunkenen vierten Königs wird später, mit einer „prächtigen Decke“[135] verhüllt, zu einem Anziehungspunkt für das neugierige Volk im Tempel.

Das große Bild, das Goethe im *Märchen* mit Referenzen auf die Baulegenden und Baugeschichte entwirft, verbindet verschiedene Lebensepochen des Dichters. Angefangen bei der frühen Faszination an der mittelalterlichen Kathedrale, über die Erweckung durch Palladios Bauten und die Erleuchtung durch Vitruvs Schriften, bis hin zum Gedankenraum symbolischen Bauens am Tempel der Humanität. Damit leiten wir zum nächsten Abschnitt über, der Tempel und Brücke behandelt.

Der Tempel und die Brücke

Eine human gesinnte, befriedete Gesellschaft kann am Schluß des *Märchens* Handel und Wandel nachgehen, und „bis auf den heutigen Tag wimmelt die Brücke von Wanderern, und der Tempel ist der besuchteste auf der ganzen Erde.“[136]

Mit dem symbolischen Tempelbau in Anlehnung an den Tempel Salomonis ist nach freimaurerischer Vorstellung das Ziel einer sittlichen Vervollkommnung der Menschheit erreicht. Auch insofern formuliert das *Märchen*, wie in bezug auf die Lili-Episode, einen Wunschtraum, denn der Bau des Tempels der Humanität ist ein andauernder Prozeß und kann auf Erden nicht vollendet werden. Der masonischen Bildwelt entsprechend weist der Tempel im *Märchen* am Ufer des Flusses Vorhöfe, unterirdische Gänge und ein Allerheiligstes auf, das von Lichtern erleuchtet ist.[137] Nach der allgemeinen Verwandlung steht die Hütte im Tempel, eine inwendige Treppe führt von ihr in die unterirdischen Gänge und „verborgene Hallen".[138] Im masonischen Bezugsrahmen läßt die Anlage an die Beschreibung des Salomonischen Tempels denken. Dort gelangte man von einem Vorhof aus in das ‚Heilige', darauf in das ‚Allerheiligste', einem hölzernem Innenbau in Form eines Kubus, worin sich die Bundeslade befand (1. Könige, VI). Im Buch der Könige findet sich auch die Beschreibung des Allerheiligsten als einer Holzkonstruktion aus Zedernholz (woraus der ganze Tempel bestand), das mit Gold überzogen gewesen sein soll. Damit schafft das Bild der Hütte im Tempel eine Analogie zum Tempel Salomonis, der eine kultische Bedeutung für die mittelalterlichen Steinmetze bekam.

Eine Referenz zu Goethes Rom-Aufenthalt bildet die Figur des *Riesen*, der auf dem Vorplatz zu einer Sonnenuhr wird. Dieses Motiv erinnert an den (zerbrochenen) Obelisken des Sesostris, der als Zeiger der großen Sonnenuhr auf dem Marsfeld diente, wie Goethe in der *Italienischen Reise* berichtet (3. September u. *Bericht*).[139] Im *Märchen* zeigt die Sonnenuhr an, daß der Tempel des *Märchens* geostet ist[140], weil es heißt, daß der Schatten von der Gruppe vor dem Tempel abgekehrt sei. Da die Sonne im Osten aufgeht, fällt der Schatten morgens in den Westen.

Die Bauform des Tempels im *Märchen* wird als „Rotonde"[141] bezeichnet, als Rundbau, wodurch sich eine Assoziation zu Palladios Villa Capra, genannt Rotonda, einstellt. Den einzigartigen Bau bei Vicenza zählt Goethe zum Erweckungserlebnis durch Palladios Baukunst. Entworfen hat Palladio diesen ersten Kuppel-Profanbau nach Bauanweisungen für Kuppeln nach Vitruv, inspiriert wurde der Bau durch das Pantheon in Rom. Die Lage der Villa beschreibt Palladio in den *Vier Büchern zur Architektur*:

> „Die Lage gehört zu den lieblichsten und gefälligsten, die man finden kann. Der Bau steht auf einem Hügel, der sich sehr leicht ersteigen läßt. Auf der einen Seite fließt der Bacchiglione, ein schiffbarer Fluß, auf der anderen umgeben den Platz überaus liebliche Hügel, die den Eindruck eines großen Theaters vermitteln und die alle kultiviert sind“ (2. Buch)[142]

Der Tempel steht zum Ende des *Märchens* ebenfalls am Fluß, auch dies eine erfüllte Prophezeiung. Eine weitere Analogie zeigt sich in der Beschreibung der Baukörper, im *Märchen* erscheint „das Licht der aufgehenden Sonne an dem Kranze der Kuppel“[143], das den Tempel in Dämmerlicht taucht. Auch die Villa Capra besitzt als Oberlicht eine Laterne über dem Deckenauge, wodurch mildes Licht einfällt. Im Schlußbild des *Märchens* wird die Lichtsymbolik betont, indem der Habicht mit dem Spiegel die Sonnenstrahlen reflektiert und der Riese zur Sonnenuhr wird.

Ein markantes Merkmal des *Märchen*-Tempels ist der Altar, der aus der Hütte des Fährmanns entsteht. Im Zusammenhang mit Palladio ist an ein weiteres Reiseerlebnis Goethes zu erinnern. Als sich Goethe in Vicenza aufhielt, suchte er auch das Haus auf, das Palladio selbst bewohnt haben soll (*Italienische Reise*, 21. September 1786). Hierüber notiert Goethe anerkennend, daß der Baumeister selbst äußerst genügsam gelebt habe: „Es ist das bescheidenste Haus von der Welt, hat nur zwei Fenster, die durch einen breiten Raum, der das dritte Fenster vertrüge, abgesondert sind.“[144] Und so ist gut vorstellbar, daß im Motiv von der ‚Hütte‘ des Fährmanns Goethes Erinnerung an die einfache Behausung des großen Architekten aufgehoben ist.

Zudem erinnert das Bild nochmals an den Schlußteil von *Dichtung und Wahrheit* und den bereits angeführten Besuch in Maria Einsiedeln. Vor dem Erlebnis mit der kunstvollen

Krone, die der geflüchtete Verlobte Lili am liebsten aufgesetzt hätte, bewunderte Goethe die Wallfahrtskirche. Dort sah er zum ersten Mal ein architektonisches Ensemble, wie es bei barocken Sakralbauten an Erscheinungsorten vorkommt, nämlich die Über- oder Umbauung eines geheiligten Ortes durch ein größeres Gebäude.[145] In Maria Einsiedeln war dies die Überbauung der Kate des Eremiten Meinrad von Einsiedel, von dessen Verehrung die Gründung des Klosters und der Bau der Pilgerkirche ausgingen. So heißt es im 18. Buch von *Dichtung und Wahrheit:*

> „Das Kirchlein in der Kirche, die ehmalige Einsiedler-Wohnung des Heiligen, mit Marmor inkrustiert und so viel als möglich zu einer anständigen Kapelle verwandelt, es war etwas Neues von mir noch nie Gesehenes, dieses kleine Gefäß, umbaut und überbaut von Pfeilern und Gewölben. Es mußte ernste Betrachtungen erregen, daß ein einzelner Funke von Sittlichkeit und Gottesfurcht hier ein immer brennendes leuchtendes Flämmchen angezündet [...]“[146]

So sind in Goethes Lebenserzählungen zwei Motive zusammengestellt, die sich im *Märchen* wiederfinden: Das Bild vom Kirchlein in der Kirche und das der verlassenen Verlobten und ihrer imaginierten Krönung. Wir dürfen bei der Betrachtung dieser Stellen nicht vergessen, daß die Passagen von Goethe zur postumen Veröffentlichung bestimmt wurden.

Kommen wir zu einem weiteren Schluß-Motiv, der Brücke, deren Pfeiler aus den Edelsteinen der Schlange erwachsen. Mit der Brücke hat Goethe das Bild des Tempels um ein Bauwerk erweitert, das den menschlichen Austausch befördert, „wodurch diese nachbarlichen Ufer erst zu Ländern belebt und verbunden werden.“[147] Nach der Verwandlung der Schlange entsteht die mehrbogige Steinbrücke, deren Beschreibung an ein nicht verwirklichtes Bauprojekt Palladios erinnert.[148] In den *Vier Büchern über die Architektur* beschreibt Palladio eine „Steinbrücke nach meinem Entwurf“ (Drittes Buch, Kap. XIII):

> „Wunderschön ist nach meinem Urteil der Entwurf der folgenden Brücke [...] Der Fluss ist außerordentlich breit, und die Brücke sollte exakt an der Stelle stehen, wo die Kaufleute ihren Geschäften nachgehen. Um der Größe und Würde der Stadt gerecht zu werden [...] habe ich auf der Brücke über ihre Breite drei Straßen gelegt, die mittlere weit und schön, die anderen beiden je zur Seite ein wenig kleiner. [...] Außerdem habe ich an den Brückenköpfen und über dem großen Bogen in der Mitte Loggien angelegt [...] “[149]

Analog dazu wird die Brücke im *Märchen* beschrieben, die sich an den Vorhof anschließt und die

> „mit vielen Bogen den Fluß hinüber reichte; sie war an beiden Seiten mit Säulengängen für die Wanderer bequem und prächtig eingerichtet, deren sich schon viele tausende eingefunden hatten [...] Der große Weg in der Mitte war von Herden und Maultieren, Reitern und Wagen belebt, die an beiden Seiten, ohne sich zu hindern, stromweise hin und her flossen“[150]

Es wurde bereits erwähnt, daß im Briefwechsel Goethes mit Schiller zur Entstehungszeit des *Märchens* auch Brücken Palladios genannt werden. So ist der Diskurs, der sich aus einem Gespräch entwickelt haben muß, zuerst auf die Goethe in diesen Tagen beschäftigende Dichtung beziehbar, auf das zu vollendende *Märchen*. Schiller möchte etwas über „die schöne Brücke mit einem Bogen“ (An Goethe, 13. September 1795) erfahren, und ob diese in Vicenza stehe und über die Etsch führe. Schiller wird bei seiner Nachfrage an Palladios

Bogenbrücke aus Holz gedacht haben (*Die vier Bücher zur Architektur*, 3. Buch, Kap. VIII). Goethe antwortet mit einer Richtigstellung, daß es sich dort nicht um eine ein-, sondern um eine dreibogige Brücke handele (An Schiller, 16. September). Mit demselben Schreiben bittet er den Freund, ihm das Märchen zur Fertigstellung zurückzuschicken.[151] Wir können die angeführten Stellen des Briefwechsels als ein wichtiges Indiz dafür verstehen, daß die Brücke im *Märchen* auf Goethes Palladio-Rezeption zurückgeht.

Die Lilie weiß, daß die Prophezeiung erst erfüllt ist, wenn „Pferde und Wagen und Reisende aller Art zu gleicher Zeit über die Brücke herüber- und hinüber wandern“[152]. So hat Goethe seinem großen Lehrer in der Baukunst im *Märchen* jene Brücke erbaut, die „Nutzen und außerordentliche Schönheit mit sich gebracht“[153] hätte, und die Palladio nicht realisieren konnte.

Im Zusammenhang mit dem Brückenmotiv ist an Anregungen aus den von Goethe besuchten Gärten zu erinnern. Im Landschaftsgarten zu Dessau und Wörlitz hatte Friedrich Wilhelm von Erdmannsdorff bereits 1776 und 1778 Bogenbrücken im Rahmen des „Franzschen Brückenprogramms“[154] nach Entwürfen Palladios errichten lassen. Wir können davon ausgehen, daß Goethe, der Wörlitz und Dessau mehrfach besuchte, aus den Anlagen für die Gestaltung nicht nur neuer Partien im Ilm-Park, sondern auch für seine *Märchen*-Dichtung Anregungen empfing: Wie ein „Mährgen [!] das einem vorgetragen wird“ kam ihm der Park vor, „und hat ganz den Charackter der Elisischen Felder“ (An Charlotte v. Stein, 13. Mai 1778).[155]

Die Irrlichter

Kommen wir noch auf die beiden Irrlichter zu sprechen. Sie erscheinen immer zu zweit und begleiten den Leser vom Anfang bis zum Ende, wenn sie zwischenzeitlich auch verschwunden sind. Diese in Flammen gekleideten jungen Herren treten fürwitzig auf und irrlichtern ihrer Natur gemäß unruhig umher. Da sie mit Goldmünzen nur so um sich werfen, meinen sie fälschlicherweise, daß hiermit auch alles zu bezahlen sei. Unverfroren bescheiden sie den Fährmann: Wer kein Gold für seine Dienste nehme, möge umsonst arbeiten. Dabei wissen die rastlosen Gesellen noch nicht, daß sie sich soeben zum falschen Ufer haben übersetzen lassen. Kurz darauf umgarnen sie die Alte, ihre Schuld an Feldfrüchten beim Fährmann abzutragen, wobei sie sich gerne am antiken Gold der Hüttenwände laben. Später erscheinen sie bei der Lilie und begleiten die Gruppe zum Bergstollen. Am Eingang zum Tempel sind sie unter der Leitung des Alten mit der Lampe nützliche Helfer, indem sie das Gold aus dem Torriegel aufzehren.

Die komische Doppelfigur läßt an biographische Vorbilder aus Goethes Leben denken, namentlich die Brüder Christian Günther und Friedrich Leopold zu Stolberg-Stolberg, Goethes Reisegefährten in die Schweiz 1775. Wie auch die Brieffreundschaft mit ihrer Schwester Auguste (‚Gustchen'), steht die von Höhen und Tiefen geprägte Freundschaft mit Christian (‚Christel', 1748-1821, Aufnahme in die Hamburger Loge *Zu den drei Rosen* Mai 1774) und Friedrich (‚Fritz', 1750-1819, Aufnahme *Zu den drei Rosen* 1774) in Verbindung mit der Lili-Zeit. Die Besuche der Brüder Stolberg in seinem Elternhaus und die gemeinsame Reise schildert Goethe im 18. und 19. Buch von *Dichtung und Wahrheit* und schaltet vor:

> „Um diese Zeit meldeten sich die Grafen Stollberg an, die auf einer Schweitzerreise begriffen bei uns einsprechen wollten. [...] Zu der damaligen Zeit hatte man sich wunderliche Begriffe von Freundschaft und Liebe gemacht. Eigentlich war es eine lebhafte Jugend, die sich gegen einander aufknöpfte und ein talentvolles aber ungebildetes Innere hervorkehrte. Einen solchen Bezug gegen einander [...] hielt man für Liebe für wahrhafte Neigung; ich betrog mich darin so gut wie die andern und habe davon viele Jahre auf mehr als eine Weise gelitten.“[156]

Die Stolbergs traten als Hainbund-Dichter kraftgenialisch auf, es wurden große Reden geschwungen und viel Wein getrunken. Als „exzentrisch“[157], „lustig“[158] und „lebenslustig“[159], als die „heiß genaturten und sich immer mehr erhitzenden Freunde“[160] werden die Brüder geschildert. Noch Jahre später schrieb Goethe in Erinnerung an die Auftritte seiner Jungmänner-Freunde an Frau von Stein:

> „sende ich dir allerley Sachen, besonders einen Traum von Fritz Stolberg in Hexametern. Ein recht himmlisch Familienstück. Man muß sie kennen, sie zusammen gesehen haben um es recht zu geniesen“.[161]

Mit dem Stichwort des Hexameters wird das gemeinsame Dichtungsinteresse berührt, denn insbesondere der sprachbegabte Friedrich zeigte dabei Talent und Fleiß. So veröffentlichte er 1778 eine Verdeutschung der *Ilias* in Hexametern und blieb auch weiter schriftstellerisch tätig. Die Irrlichter im *Märchen* „zischen“ in einer „unbekannten, sehr behenden Sprache gegeneinander“[162] – möglicherweise ein Hinweis auf das Dänische, mit dem die Brüder aufgewachsen waren.

Auf der gemeinsamen Schweizer Reise in Werther-Kluft spielte Christian August Heinrich Curt von Haugwitz (1752-1832, 1774 Aufnahme in die Leipziger Loge *Minerva zu den drei Palmen*) einen gemäßigteren Part, während die temperamentvollen Brüder die Erziehung oft vermissen ließen. Goethe erzählt von einer Reihe peinlicher Vorfälle, die Vorbehalte seines Freundes Johann Heinrich Merck dabei nicht unerwähnt lassend: „Daß du mit diesen Burschen ziehst, ist ein dummer Streich.“[163] Zu dem Unfug, den die Stolberg-Brüder trieben, gehörte auch das Nacktbaden: „Unter die damaligen Verrücktheiten [...] gehörte denn auch das Baden im freien Wasser, unter offnem Himmel; und unsre Freunde konnten auch hier [...] auch dieses Unschickliche nicht unterlassen.“[164] Doch „wollten dergleichen Naturübungen nicht gut zu den modernen Sitten paßlich erscheinen“.[165] Dies sorgte bereits in Darmstadt für Anstoß, im Alpenlande wurden die Badenden gar mit Steinwürfen aus dem Wasser getrieben, auch wenn sie „die Schweiz gerade als das rechte Lokal ansahen, ihre frische Jünglingsnatur zu idyllisieren.“[166]

Während Goethe in Maria Einsiedeln war, kam es über einer neuerlichen Eskapade zur Verstimmung mit Lavater, was sie als „lebenslustige Jünglinge [...] leicht abzuschütteln“[!][167] vermochten. Die Brüder verließen Zürich, ohne Goethes Rückkehr abzuwarten. Zum Abschluß heißt es bezeichnend: „Der geistliche Freund jedoch [...] wußte dies auch beizulegen, und nach dem Abzug dieser meteorisch Reisenden war schon bei unsrer Rückkehr alles ins Gleiche gebracht“.[168] Das ungewöhnliche Eigenschaftswort *meteorisch* läßt sich sowohl auf leuchtende Himmelsphänomene (Meteore), wie auf Witterungserscheinungen beziehen (mit der Meteorologie zusammenhängend, Goethe verwendet das Adjektiv in der *Farbenlehre* in bezug auf den Regenbogen als einer ‚meteorischen Erscheinung‘). So stellt sich eine Assoziation zwischen den „meteorisch Reisenden“ aus

Dichtung und Wahrheit und den Irrlichtern des *Märchens* ein, die ebenfalls als „Reisende“ und „Wanderer“[169] vorgestellt werden.

Als geo-physikalisches Phänomen entstehen Irrlichter durch Faulgasentzündung in Sumpf- oder Moorgebieten, auch lumineszierende Stoffe, in seltenen Pilzsporen vorkommend, oder Glühwürmchen können Ursache sein. Goethes Interesse an diesen Naturphänomenen floß in die Dichtung ein. Im Volksglauben gelten Irrlichter als unheimliche Erscheinungen (Redende Irrlichter in der *Walpurgisnacht*), bringen Menschen vom Wege ab und treten im Gefolge von Geistern oder toten Seelen auf (*Geschichte Gottfriedens von Berlichingen mit der eisernen Hand*, V. Aufzug / Zigeunerszene, 1771). Goethe schöpft in seinem Werk den Bedeutungsrahmen des Irrlichts dichterisch aus.

Die vorwitzigen Irrlichter im *Märchen* sind ein origineller Einfall Goethes, der hier wieder mit sprechenden Namen spielt. Als Synonym dazu kennt man den Irr*wisch* und bezeichnet damit ein lebhaftes, unruhiges Kind oder einen flatterhaften Menschen, auch im Sinne eines unsteten Charakters. Auf Goethes Erfahrungen mit den Grafen Stolberg bezogen, wird hierin das Hitzige und Exaltierte ihrer Persönlichkeit einbegriffen, das sich wie eine Wettererscheinung äußerte und genauso plötzlich verschwand. Friedrichs unstetes Wesen zeigte sich abermals, als Goethe mit ihm in Begleitung in den Weimarer Kreis eintrat: Für die Stelle eines Kammerherrn am dortigen Hofe sagte er zunächst zu – um dann spontan in den Dienst des Fürstbischofs von Lübeck zu treten.

Eine amüsante Analogie zwischen den Brüdern und den Irrlichtern ist im Motiv der Goldmünzen eingefangen, die diese abschütteln, wenn sie nur genug Edelmetall aufnehmen. Goethe war seit jungen Jahren durch die Sammlungen seines Vaters mit der Numismatik vertraut und legte sich später auch selbst eine Medaillen- und Münzsammlung an. Seit dem 16. Jahrhundert besaß das Haus ein Münzprägerecht. Die Golddukaten derer von Stolberg-Stolberg (aus der Präge Stolberg in Thüringen) waren bekannt und gelten Numismatikern als ausgesucht schöne Münzen. Trotz ihres Hintergrundes waren die Brüder Stolberg finanziell nicht unabhängig, dabei aber verschwenderisch veranlagt. Goethe schildert hierzu die peinliche Episode in einem Mannheimer Gasthaus, als dort Gläser zerschmissen wurden und anderntags bezahlt werden mußten.

Die Stolbergs wie auch Haugwitz gehörten zum Zeitpunkt der Schweizer Reise bereits Logen an. Sie waren es auch, die Goethe Besuch in der Frankfurter Loge *Zur Einigkeit* begleiteten. Insofern sind die Stolbergs nicht nur mit der Lili-Zeit, sondern auch mit Goethes ersten Schritten in die Freimaurerei verbunden. Kommen wir wieder auf die Doppelfigur der Irrlichter. Bei Eintritt in den Berg versehen die Flammen einen wichtigen Dienst, worin wir ein weiteres Namenssprachspiel erkennen: Die *Stolberg* (von Goethe oft mit Doppel-l geschrieben) öffnen den *Bergstollen.* Am Ende des *Märchens* schütteln sie Münzen über dem Volk ab, das beim Einsammeln der Geldstücke durcheinanderläuft. Dieses Bild enthält eine Reminiszenz an Goethes Jugend in Frankfurt, denn es erinnert an das Verteilen von Gold- und Silbermünzen anläßlich der Kaiserkrönung Josephs II. 1764.[170]

Wenn auch die Beziehung nicht konfliktfrei verlief, blieb Goethe Friedrich von Stolberg bis ins Alter verbunden. Und obwohl er für dessen Übertritt zum Katholizismus keinerlei Verständnis aufbringen konnte, fand er es zu Friedrichs unstetem Wesen passend. Dementsprechend ist das Figurenmotiv im *Märchen* ausgestaltet. Nach Öffnung des Riegels zum Tempel und Aufzehren der Legierung des gemischten Königs ziehen die Irrlichter ab. Das eigentliche Arkanum im Tempel entgeht den in Flammen gekleideten Herren.

III. Das *Märchen* – Zum Textverständnis in seiner weiteren biographischen und literaturgeschichtlichen Bedeutung

Goethes Tabelle

Gut zwei Jahrzehnte nach Erstdruck des *Märchens* hat Goethe eine wohl schon 1795 angelegte Tabelle mit den „Auslegungen des Märchens“ wieder hervorgenommen. Den Deutungsversuchen von drei Freunden setzte er folgende Erläuterung voran:

> „Das Märchen, welches die *Unterhaltungen der Ausgewanderten* schloß, ladet zu Deutungen ein, indem es Bilder, Ideen und Begriffe durch einander schlingt. Zur Zeit seiner Erscheinung versuchten sich mehrere Freunde daran. Drei solcher Auslegungen, wovon die letzte einem Frauenzimmer gehört, habe ich in nachstehender Tabelle zu erhalten gesucht.
> Weimar d. 24. Juni 1816. G.“[171]

„Fluß.	Die Not, die Verlegenheit; im allgemeinen jede schwierige Aufgabe.	Das Fließende des Lebens.	Die Hindernisse des Lebens.
Fährmann.	Mechanisches Wirken. Fleiß.	Der Stand der Natur.	Die reine sinnliche Tätigkeit.
Irrlichter.	Leichter Sinn. Das Genie. Bel Esprit. Der Adel.	Ihr Name ist Legion. Die Versucher von Anfang. Spekulanten. Sophisten.	Die Stutzer und Schmarutzer.

Gold.	Der Schein.		
Schlange.	Industrie und Spekulationsgeist. Die Nachahmung. Der Verstand überhaupt.	Die Kultur.	Das Volk.
Mann mit der Lampe.	Die Einbildungskraft.	Die Klugheit.	Die Vernunft.
Lampe.			
Höhle.	Die Natur.		
Jenes Mannes Frau.	Der bornierte Sinn.	Der Glaube.	Der Menschen-Verstand.
Kohlhäupter.	Realität.		
Jüngling.	Die Leidenschaft.	Die Menschheit.	Die Menschlichkeit.
Riese.	Die öffentl. Meinung, das Vorurteil. Das Gesetz.	Der Wahn.	Der Schlendrian.
Lilie.	Die Caprice. Die Phantasterei.	Die Wahrheit. Die Grazien.	Die Weiblichkeit.
Mops.		Die Treue.	Die Sinnlichkeit.
Kanarienvogel.		Die lyrische Poesie.	Gesang ohne Empfindung.
Habicht.	Die Gunst von oben. Der glückliche Moment.	Die Vorsehung. Augur. Der Heil. Geist. Das Genie.	Die Ahndungs- und Darstellungskraft.

Harfe.			Gesang mit Empfindung.
Tempel.	Der Genuß und die Ruhe als der letzte Zweck des Lebens.	Die Vernunft.	Die Vereinigung aller Kräfte.
Drei Könige.			Die notwendigsten Eigenschaften des Regimentes.
Der Vierte.			Diese Eigenschaften unförml. verbunden.“[172]

Es ist auffällig, daß jede der Versionen eine symbolische Motivauffassung verfolgt. Damit wählten die Freunde ein Verfahren, das auch die meisten Nachfolger anwendeten, worin die biographische Sinnschicht aber unberücksichtigt bleibt.

Im gegebenen Zusammenhang fängt die Deutung des Habichts in der ersten Spalte als „Die Gunst von Oben. Der Glückliche Moment.“ das Kernthema des Motivs ein, das im folgenden Abschnitt ausgeführt wird. Weiter ist die Bezeichnung der Lilie als „Die Caprice“ von Interesse. Auch Goethes Lili wird in *Dichtung und Wahrheit* als kapriziös beschrieben, auf die Lilie im *Märchen* bezogen läßt sich diese Zuschreibung aber nicht aufrechterhalten. In einem Gespräch mit Eckermann hob Goethe das Anziehende und Liebenswerte von Capricen bei jungen Frauen hervor (2. Januar 1824).[173]

Die Namen der *Freunde* sind nicht bekannt, bei dem erwähnten Frauenzimmer dürfte es sich um Charlotte von Kalb handeln, Namensspekulationen über die beiden anderen Beiträger reichen von Schiller und August von Gotha zu Goethe selbst.[174] Und es ist aufgrund des spielerischen Charakters im Umgang mit dem Text nicht auszuschließen, daß Goethe der Tabelle auch selbst etwas hinzugefügt hat.

Zunächst hatte Goethe vor, die Tabelle in der neuen Zeitschrift *Über Kunst und Altertum* zu veröffentlichen, verwirklichte dies aber nicht. Daß Goethe zu diesem Zeitpunkt nochmals die Deutungen zusammenstellte, kann als Argument gegen die These vorgebracht werden, daß das *Märchen* in der Hauptsache Ergebnis einer Gattungsauseinandersetzung (analog zur *Novelle*) gewesen sei.[175]

Richten wir das Augenmerk auf das Datum von Goethes Vorbemerkung und den damit zusammenhängenden Tagebucheintrag vom 24. Juni (1816). Der Johannistag als Geburts- und Gedenktag Johannes' des Täufers ist im masonischen Kontext ein bedeutungsvolles Datum. Johanni gilt als höchstes Fest im Maurerjahr, da Johannes der Täufer auch der Patron der Steinmetze und Bauleute ist. Der Täufer war als Vorläufer Jesu in biblischer Bildgebung *Jener mit der Lampe, die brennt und leuchtet* (Joh. 5, 35). Zudem fällt der Johannistag in die Zeit der Sommersonnenwende.

Der Johannistag ist auch ein Gedächtnistag von Goethes Anfang in Weimar: Am 24. Juni 1776 bezog Goethe seine erste eigene Wohnung am Burgplatz. Tags darauf wurde er ins Geheime Consilium eingeführt und legte seinen Eid ab. Goethe maß dem Johannistag zeitlebens Bedeutung bei. Auch im fortgeschrittenen Alter wurden darauf bezogene

Ereignisse festgehalten (*Tag- und Jahreshefte,* Eintrag zu 1804, Beschreibung der Johannisfeuer zu Jena; Tagebuch, 26. Juni 1819: mit Zelter die Johannisfeuer betrachtet; 24. Juni 1820: Die Johannisfeier). Und es ist sicher kein Zufall, daß Goethe in diesen Tagen oft Arbeiten fertigstellte oder Neues konzipierte, so etwa am 24. Juni 1797: *Zueignung* zur Wiederaufnahme des *Faust* oder am 24. Juni 1826, *Faust* II betreffend: „Völliger Abschluß der Helena"[176]. Die Zusage Goethes an Schiller zur Mitarbeit an der neu begründeten Zeitschrift *Die Horen* erfolgte am 24. Juni 1794.

Die Zeitform des Präsens in der Anmerkung zur Tabelle – das *Märchen* „ladet zu Deutungen ein" – mag Hinweis darauf sein, daß dies weiterhin gilt, denn Goethe schreibt: Die Freunde haben sich daran „versucht", im Sinne von probieren, das heißt, das Rätsel ist nicht gelöst. Goethe hat also mit der Tabelle eine Deutungshilfe gegeben. Betrachten wir die darin aufgenommenen zwanzig Begriffe unter Berücksichtigung der Reihenfolge:

> Fluß. Fährmann. Irrlichter. Gold. Schlange. Mann mit der Lampe. Lampe. Höhle. Jenes Mannes Frau. Kohlhäupter. Jüngling. Riese. Lilie. Mops. Kanarienvogel. Habicht. Harfe. Tempel. Drei Könige. Der Vierte.

Aufschlußreich ist im gegebenen Zusammenhang die Akzentuierung der Figurengruppe der vier Könige in der Tabelle, indem die „Drei Könige" und „Der Vierte" jeweils ein eigenes Motiv bilden, wie dies auch in der hier verfolgten Deutung aufgenommen wurde. Weiter steht die Höhle als eigenständiges Motiv. Es deutet auf den geheimen Zugang im Berg und auf eine primitive Behausung, im Sinne einer Hütte, hin (Ur-Hütte, Fährmann und Alter mit der Lampe). In der hier gegeben Deutung als eigenständige Motive behandelt wurden auch Fluß / Fährmann, Irrlichter, Schlange, Mann mit der Lampe / Jenes Mannes Frau (die Alte), Jüngling / Lilie, Mops, Habicht und Tempel.

Die Motive sind tabellarisch nach der Erstnennung im Text aufgetragen, so daß der Handlungsverlauf anhand der Motivreihung bündig zusammengefaßt werden kann:

> Am *Fluß* (1) beginnt die Handlung, dort wird der *Fährmann* (2) von den *Irrlichtern* (3) geweckt. Diese schütteln ungebeten *Gold* (4) ab nach der Überfahrt, das der Fährmann in eine Felsritze schüttet und das die *Schlange* (5) in sich aufnimmt, wodurch sie sehend wird bei ihren unterirdischen Erkundungen. Im Berg trifft sie auf den *Mann mit der Lampe* (6), dessen *Lampe* (7) hat einen magischen Schein, der Gestein vergoldet, Holz versilbert etc. Seine Hütte liegt an einer *Höhle* (8), die der Eingang in den Berg ist. *Jenes Mannes Frau* (9) hat einen Garten, woraus sie *Kohlhäupter* (10) und anderes erntet für den Abtrag der Schuld beim Fluß, dort trifft sie den *Jüngling* (11), dem sie rät, mit dem Schatten des *Riesen* (12) zur anderen Seite überzusetzen, denn dort wohnt die von ihm gesuchte *Lilie* (13). Auch die Frau will dorthin, um den versteinerten *Mops* (14) abzugeben, da Lilie Totes beleben kann, durch ihre Berührung aber auch den *Kanarienvogel* (15) tötet, als der *Habicht* (16) vom Himmel stößt. Der Jüngling, der sie vor dem Angriff retten will, erstarrt ebenso, worauf Lilie bittere Tränen beim Gesang zur *Harfe* (17) weint. Die Gruppe macht sich auf zum *Tempel* (18), von dem es heißt, er ist schon erbauet, steht aber noch nicht am Fluß. Unter der Erde trifft der Jüngling auf die *Drei Könige* (19), die aufstehen, nachdem der Tempel am Fluß steht. Sie zeichnen den Jüngling mit den königlichen Insignien aus, während *Der Vierte* (20) sich setzt.

Die Zusammenfassung anhand der Motivkette führt vor Augen, daß die verworren wirkenden Vorgänge im *Märchen* als lineare Handlung zu lesen sind. Sie zeigt aber auch, daß der Erklärung aus Lebenszeugnissen und symbolischen

Verweisen durch die Vielfalt der Motive Grenzen gesetzt sind. Zwar können auch weitere Motive in die Deutung sinnentsprechend eingebracht werden, eine vollständige Erfassung der Motive ist angesichts des poetischen Reichtums aber nicht möglich und auch nicht angestrebt.

Die *Unterhaltungen deutscher Ausgewanderten*. Vom *Falken*- Fragment zum *Habicht* im *Märchen*: Goethes Boccaccio-Rezeption

Mit dem *Märchen* endet der Novellenzyklus der *Unterhaltungen deutscher Ausgewanderten*, der in der Erzählstruktur an Boccaccios *Decamerone* angelehnt ist. Auch thematisch gibt es Parallelen, da die Handlung der Rahmenerzählung jeweils von einem gesellschaftlichen Ausnahmezustand bestimmt ist, der Pestzeit in Florenz und die nachrevolutionäre Zeit im Ausgang des 18. Jahrhunderts. Vor diesem Zeithintergrund findet sich jeweils eine kleine Gruppe an einem Rückzugsort auf dem Land zusammen. Durch Geschichtenerzählen vertreibt man sich den Tag, mit teils wahren, teils erfundenen Geschichten, oft handelt es sich dabei um den Aufgriff zeitgenössischer Causes célèbres. So setzt sich über die erzählten Geschichten ein facettenreiches Sittenbild (Boccaccio) und gesellschaftliches Meinungsspektrum (Goethe) zusammen.

Seinen *Boccaz* kannte Goethe aus der Bibliothek des Vaters. Spuren der Boccaccio-Lektüre im ersten Weimarer Jahrzehnt finden sich in Briefen und dem Tagebuch. Goethes Auseinandersetzung mit dem Werk schlug sich in dem nicht ausgeführten Vorhaben eines Dramas nieder, das die 9. Erzählung vom 5. Tag aus dem *Decamerone* aufgreift. Aus lediglich siebzehn Zeilen besteht der als Dramatisches Fragment bezeichnete Text von 1776, der zuerst von E. Schmidt in der Weimarer Ausgabe mit Briefstellen an Charlotte von Stein in Verbindung gebracht worden ist.

Das Fragment gehört zu den Versuchen des jungen Goethe, seine Lebenserfahrungen zu dramatisieren, wie er seiner Briefpartnerin Auguste von Stolberg im März 1775 bekennt: „O wenn ich iezt nicht dramas schriebe ich ging zu Grund".[177] Goethes leidvolle Liebesgeschichte mit Lili Schönemann erreichte damals ihren Höhepunkt (Verlobung Ostern 1775) und ihr Ende nach Rückkehr aus der Schweiz. Der Lösung des Eheversprechens im Oktober und der letzten indirekten Begegnung mit Lili (Fensterepisode im 20. Buch von *Dichtung und Wahrheit*) folgte im November 1775 die Abreise nach Weimar. In einem Gespräch mit Soret stellte Goethe seinen Eintritt in den Weimarer Kreis als unmittelbare Folge der Trennung von Lili dar. Der Rückgriff auf Boccaccios Novelle ist hier von besonderem Interesse. Mit Blick auf das bestimmende Thema: *Glücksfälle, die nach widrigen und betrübenden Ereignissen Liebende betroffen haben*, deutet Goethe an, daß er seine Liebe zu Lili dichterisch noch zum Guten wenden wollte. Und es ist bezeichnend, daß der *Falke* für Goethe das erste bühnendramatische Vorhaben in Weimar war. Hierfür ist ein Selbstzeugnis Goethes von Bedeutung, das die Verknüpfung mit Lilis Schicksal enthält. Denn als Goethe von Lilis neuerlicher Verlobung im Juli 1776 erfuhr, schrieb er am 8. August an Charlotte von Stein:

> „Lieber Engel! Ich hab an meinem Falken geschrieben, meine Giovanna wird viel von Lili haben [...] Vielleicht macht mir' s einige Augenblicke wohl, meine Verklungenen Leiden wieder als Drama zu verkehren [sic!]"[178]

Einige Einträge berichten noch vom Fortgang des Projekts (10.-12. August), danach ist eine Beschäftigung damit nicht mehr nachweisbar.[179]

Wir versuchen im gegebenen Kontext eine Neudeutung in bezug auf das zwei Jahrzehnte später entstehende *Märchen*. Hierzu betrachten wir zunächst Boccaccios Novelle, die eine aussichtslose Liebe durch eine überraschende Wendung glücklich enden läßt. Federigio, ein Florentiner Aristokrat veranstaltet zu Ehren seiner Angebeteten Monna Giovanna aufwendige Feste, wodurch er aber nicht das Herz der verheirateten Dame gewinnt. Durch den verschwenderischen Lebensstil verarmt, führt Federigio fortan ein einfaches Leben auf dem Land. Als Zeuge früheren Glanzes bleibt ihm ein Falke als Begleiter. Im Witwenstand zieht auch Giovanna in die Provinz, auf ein benachbartes Landgut. Ihr einziger Sohn freundet sich mit dem gezähmten Vogel an und als der Knabe schwer erkrankt, wünscht er sich den Falken zum Spielgefährten. Als Giovanna den früheren Verehrer deshalb aufsucht, sieht jener nur eine einzige Möglichkeit, ihr eine standesgemäße Mahlzeit vorzusetzen: Er tötet den Falken und trägt ihn Giovanna als erlesene Speise auf. Als Federigio erkennen muß, daß er der Geliebten nach dem Mahl nun nicht mehr ihren Herzenswunsch erfüllen kann, weint er bittere Tränen. Von seiner Treue zutiefst gerührt, wandelt sich Giovannas Neigung in Liebe. Unter Hinweis auf Federigios edlen Charakter erwirkt sie von ihren Brüdern die Zustimmung zur Hochzeit.

Goethes ohne Titel gebliebenes Fragment ist ein wenige Zeilen umfassender Dialog zwischen Federigio und einem Unterredner namens Horatio. Da der Name der Figur an den Prinzenfreund von *Hamlet* angelehnt ist, wird der Text auch als Horatio-Skizze bezeichnet, weil allein dieser Name eine gesicherte Konnotation erlaubt.[180] Wir erkennen in dem

Wortwechsel mit diesem „Horatio" einen ebenso kontrastiven Charakter zum aufgeregten Federigio, wie Horatio zum manisch-depressiven Hamlet der stoische Widerpart in Shakespeares Tragödie ist. In Goethes Dialogsequenz bringt Federigio seine leidenschaftlichen Gefühle in Sturm-und-Drang-Diktion zum Ausdruck:

> „Schlägt mein Herz nicht laut genug wenn sie mir ohngefähr begegnet. Drängt michs nicht hin zu ihr küß ich nicht ihre Hand ihren Handschuh den Lippen ihres Kleids vor! [...] Meine Gebeine zittern sieh ich bin außer mir ich fasse sie ich lasse sie, ich bleibe ich will fort!"[181]

Aus dem Fragment läßt sich kein Handlungsverlauf ablesen. Sicher ist, daß Goethes Vertraute Charlotte von Stein von dem Plan unterrichtet war und, daß Goethe vorhatte, die Figur der Giovanna neben Zügen Lilis auch mit Wesensmerkmalen Charlottes zu „tingieren", d.h. zu färben oder zu überziehen.[182]

Es ist bekannt, daß Goethe seine frühen Werke und Versuche in späteren Schaffensphasen wiederaufnahm und künstlerisch auf eine andere Stufe hob. Für das Werk aus dem ersten Weimarer Jahrzehnt hat dies H. Reinhardt anhand von Goethes Maskenzügen nachgewiesen, die sich als stilistische Vorläufer zu den Walpurgisumzügen im *Faust* verstehen lassen.[183] Was für die Weiterentwicklung von Formen gilt, trifft ebenso auf Themen und Motive zu, wenn man etwa die Werkgenese des *Tasso*, der *Iphigenie*, des *Wilhelm Meister* betrachtet. Für das *Märchen* kam Goethe, nach einer Erzählform für die *Horen* suchend, auf seine Beschäftigung mit dem *Decamerone* zurück. So schuf er die Rahmenerzählung um und versah sie mit deutlichen Reminiszenzen an das Vorbild: In beiden Fällen dient ein Landsitz einer Gruppe von

Menschen als Rückzugsort, das Erzählen wird zum Mittel der Zeitüberbrückung und der gesellschaftlichen Bindung.

Im folgenden wollen wir zeigen, daß Goethe mit dem *Märchen* seinen zwei Jahrzehnte vorher begonnenen *Falken* doch noch schrieb und so die Fäden der vergangenen Liebe zu Lili, die Boccaccio-Lektüre und die Zeitläufte der Gegenwart in den *Unterhaltungen* verwob. Nicht allein der Aufbau nach Boccaccio erinnert an den frühen Plan, vielmehr ist das *Märchen* selbst die Vollendung davon: Es ist Goethes Falkennovelle.

Gehen wir zum Anfang der Handlung zurück und vergleichen Motive und Figurenkonstellation mit Boccaccios Novelle. Bei Ankunft im Park der Lilie wird der Jüngling von einem Habicht begleitet, da ihm sonst nichts geblieben ist. Mit diesem Bild stellt Goethe wohl am deutlichsten den Bezug zum Vorbild her: „Er trug den Habicht auf seiner Hand, der wie eine Taube ruhig saß und die Flügel hängen ließ."[184] Lilie schimpft den Jüngling bei dessen Eintreffen unumwunden wegen seines gefiederten Begleiters. Daraus wird ersichtlich, daß Lilie und Jüngling sich schon länger kennen. Das Mädchen berichtet, daß der Habicht morgens ihren Kanarienvogel getötet habe, worauf der Jüngling versetzt: „Schilt den unglücklichen Vogel nicht [...] klage vielmehr dich an und das Schicksal, und vergönne mir daß ich mit dem Gefährten meines Elends Gesellschaft mache."[185]

Das Habicht-Motiv hat im Kontext der Handlung eine dramatisierende Funktion. Zu widersprechen ist Interpretationen des *Märchens*, die in dem Motiv (insofern es überhaupt beachtet wird) ein Symbol für Kunst und Kreativität (K. Mommsen) oder einen Ägyptizismus (Horus) sehen (H. Mayer, F. Ohly, A. Raphael). Denn der Habicht fungiert auch als erzählästhetisches, das heißt handlungsentwickelndes, Motiv. Der Habicht erscheint bei Wendepunkten oder führt diese gemäß der Prophezeiung herbei. So ist er am Tod des Kanarienvogels schuld, worauf das Weib des Alten mit der Lampe eine Weissagung weitergibt: „mein Alter läßt Euch sagen, Ihr sollt eure Trauer mäßigen; das größte Unglück als Vorbote des größten Glückes ansehen; denn es sei an der Zeit“.[186]

Dies bedeutet, daß die Tötung des Kanarienvogels – analog zum Tod des Falken – die Wende zum Guten anzeigt, denn ohne dieses Ereignis wäre der spontane Liebesbeweis des Jünglings nicht erfolgt. Damit wird auch die Wendung des Motivs zum Glückssymbol vollzogen. Siehe hierzu auch Goethes Tabelle, 1. Spalte: „Habicht. Die Gunst von oben. Der glückliche Moment“[187], im Sinne von *Kairos*, denn es passiert im passenden Moment das für den weiteren guten Verlauf Richtige.

Die Schilderung des „ohnmächtig“ wegschleichenden „bestraften Räubers“ vermenschlicht den Vogel, er kennt ein schlechtes Gewissen, muß sich aber dennoch seiner Natur gemäß verhalten. Das nächste Mal begegnet der Habicht im Gefolge des Alten mit der Lampe, den der Vogel zum Ort des Geschehens führt:

> „Der Geist meiner Lampe [...] treibt mich und der Habicht führt mich hierher. Sie spratzelt wenn man meiner bedarf, und ich sehe mich nur in den Lüften nach einem Zeichen um, irgend ein Vogel oder Meteor zeigt mir die Himmelsgegend an, wohin ich mich wenden soll.“[188]

Bevor die Gruppe unter Führung des Alten loszieht, gibt dieser dem Habicht einen Spiegel und den Auftrag, die Strahlen der aufgehenden Sonne damit zurückzuwerfen. Am Ende des *Märchens* erfüllt der Vogel diesen Dienst: „In diesem Augenblick schwebte der Habicht mit dem Spiegel hoch über dem Dom, fing das Licht der Sonne auf und warf es über die auf dem Altar stehende Gruppe."[189] Damit vollendet der Raubvogel die Investitur des neuen Königs: „Der König, die Königin und ihre Begleiter erschienen in dem dämmernden Gewölbe des Tempels, von einem himmlischen Glanze erleuchtet und alles Volk fiel auf sein Angesicht."[190]

Den Habicht hat Goethe im Zweiten Buch von *Wilhelm Meisters Wanderjahren* als Glückssymbol aufgenommen, hier ist es Felix, der bei Ankunft in der Pädagogischen Provinz Habichte am Himmel sichtet: „„Doch ja!" rief er freudig, „ein paar Habichte fliegen von Westen nach Osten; das ist wohl ein gutes Zeichen?"[191] Resümierend ist über die literarischen Verweise festzuhalten, daß mit dem Habicht in Analogie zu Boccaccios Falken ein weiteres Hauptmotiv herausgearbeitet werden konnte. In dieser Schicht weist der Text einen biographischen Bezug auf, der durch Selbstzeugnisse Goethes belegt ist.

Figuren der Rahmenhandlung: *Die Baroneß, Der Geheimerat, Der Alte*

Eingangs wurde darauf verwiesen, daß viele *Märchen*-Auslegungen den Text losgelöst von der Rahmenhandlung der *Unterhaltungen deutscher Ausgewanderten* behandeln. Die Abgrenzung des *Märchens* durch die Gattungsbezeichnung von den übrigen, novellenartigen Erzählungen scheint dies zu rechtfertigen. Wo die Verbindung zwischen dem Erzählzyklus und dem *Märchen* nicht auf der Ebene des zeithistorischen Hintergrundes hergestellt wurde (H. Mayer), schien das *Märchen* vom Kontext gelöst. Werfen wir in diesem Zusammenhang einen Blick auf die Figuren der Rahmenhandlung, die *Baroneß*, den *Geheimerat* und den alten Geistlichen, den der Erzähler den *Alten* nennt.

Auch in diesen Figuren sind biographische Spuren unschwer erkennbar.

Lili lebte später als Frau des Freiherrn von Türckheim zunächst in Straßburg. Goethe besuchte das Ehepaar dort im September 1779. Ein Brief an Frau von Stein aus diesen Tagen bezeugt, wie stark Goethe vom Bild Lilis als junger Mutter berührt war. Aus weiteren Quellen geht hervor, daß Goethe über Lilis weiteres Schicksal durch Demoiselle Delph in Heidelberg unterrichtet wurde, als er dort im August 1793 nochmals logierte. Andere Zuträgerinnen waren Bäbe Schulthess, Henriette von Egloffstein und Johanna Fahlmer. Als Türckheim nach Amtsabsetzung 1794 in Straßburg die Verhaftung drohte, floh er hinter die Grenze. Das von napoleonischen Truppen besetzte Gebiet verließ Lili unter abenteuerlichen Umständen und folgte ihm mit den fünf Kindern nach Stuttgart. Aus biographischen Quellen geht hervor, daß sie ihr Leben im Exil bewundernswert meisterte (*Deutsche Biographie*).[192]

Es wurde gezeigt, daß die Figur der Lilie auf das Lebensvorbild Lilis zurückzuführen ist. In der weiblichen Zentralfigur der Rahmenhandlung, der *Baroneß von C.*, findet sich eine Spiegelung, die das Gegenwärtige mit dem Vergangenen verbindet. Die Baroneß – „In einer weiten Sphäre erzogen und durch mancherlei Schicksale ausgebildet, war […] als eine treffliche Hausmutter bekannt“[193]:

> „[Sie] erwies sich auch jetzt auf dieser Flucht, wie sonst zu Hause […] entschlossen und tätig. Nun mußte sie sich unerwartet als Führerin einer kleinen Karawane darstellen und wußte diese auch zu leiten, für sie zu sorgen und den guten Humor, wie er sich zeigte, in ihrem Kreise, auch mitten unter Bangigkeit und Not zu unterhalten.“[194]

Auf ein Landgut jenseits des Rheins flüchten sich die Emigranten, dort gesellt sich „ein trefflicher rechtschaffener Mann“[195] mit Familie hinzu. Es ist der *Geheimerat von S.*,

> „Ein Mann, dem die Geschäfte von Jugend auf zum Bedürfnis geworden waren, ein Mann der das Zutrauen seines Fürsten verdiente und besaß. Er hielt sich streng an Grundsätze und hatte über manche Dinge seine eigene Denkungsweise“[196]

Über die Belagerung von Mainz gerät der Geheimerat mit dem hitzköpfigen Neffen der Baroneß, Karl, zusammen, einem einfältigen Sympathisanten der Franzosen. Der Geheimerat – „Man kann leicht denken, daß [er] diejenige Partei anführte, welche dem alten System zugetan war“[197] – beklagt die blinde Idealisierung der Revolution durch die unerfahrene Jugend, die nicht absieht, daß Gesinnung allein nicht vor den Waffen schützt. Der honorige Mann hat selbst unter den Zeitläuften zu leiden, denn:

> „Sein Fürst, das Land, er selbst hatten viel durch den Einfall der Franzosen gelitten; er hatte die Willkür der Nation, die nur vom Gesetz sprach, kennen gelernt und den Unterdrückungsgeist derer die das Wort Freiheit immer im Munde führten. Er hatte gesehen, daß auch in diesem Falle der große Haufe sich treu blieb, und Wort für Tat, Schein für Besitz mit großer Heftigkeit aufnahm. Die Folgen eines unglücklichen Feldzugs, so wie die Folgen jener verbreiteten Gesinnungen und Meinungen blieben seinem Scharfsinn nicht verborgen“.[198]

In die Charakterisierung des Geheimerats sind offensichtlich Goethes Erlebnisse und Positionen zur Revolution eingeflossen, die er als unmittelbarer Zeitgenosse wahrnahm und beurteilte. Die Darstellung unterschiedlicher Standpunkte zur Revolution, nicht allein in der Figurenkonstellation Geheimerat – Karl zeigt, daß Goethe bei der Abfassung der *Unterhaltungen* bereits Abstand zum eigenen Erleben gewonnen hatte (Campagne in Frankreich: 1792 und Belagerung von Mainz: 1793). Briefe an Schiller zur Entstehungszeit verdeutlichen, daß das Thema der aus französischen Besatzungsgebieten flüchtenden Landsleute hochaktuell war (An Schiller, 26. September 1795).

Nach dem Eklat mit Karl beklagt die Baroneß die Abreise des Geheimerats und charakterisiert ihn als „ein unerschöpfliches Archiv von Menschen- und Weltkenntnis, von Begebenheiten und Verhältnissen“[199]. Die Zuschreibung erinnert an die Museninvokation der *Odyssee*:

> *Sage mir, Muse, die Taten des vielgewanderten Mannes, Welcher so weit geirrt nach der heiligen Troja Zerstörung, Vieler Menschen Städte gesehn und Sitte gelernt hat* (Übertragung von J. Hch. Voß)

Weltkenntnis bringt Wissen und Erfahrung, der weitgereiste Mensch archiviert sein Weltwissen und wendet es in Tun und Sagen an. Damit weist der Text auf das Epos zurück und durch den poetischen Schleier auf den Dichter Goethe hin.

Auf Wunsch der Baroneß sollen fortan täglich Geschichten erzählt werden, um Unterhaltungen abseits des Tagesgeschehens zu ermöglichen. Bei diesem Vorhaben tritt der zur Hausgemeinschaft gehörende alte Geistliche hervor, „der, als Hausfreund, schon lange der Familie unentbehrlich geworden war“[200]. Er steuert den überwiegenden Teil der reihum erzählten Geschichten bei. Über seine Sammlung der aus dem Leben entnommenen Geschichten sagt der Alte:

> „Ich lebe schon lange in der Welt und habe immer gern auf das acht gegeben, was diesem oder jenem Menschen begegnet. Zur Übersicht der großen Geschichte fühl ich weder Kraft noch Mut, und die einzelnen Weltbegebenheiten

> verwirren mich; aber unter den vielen Privatgeschichten, wahren und falschen [...] gibt es manche die noch einen reineren, schönern Reiz haben als den Reiz der Neuheit."[201]

Von Karl gebeten, erzählt der Alte das *Märchen* und kündigt es auf merkwürdige Weise an: „Diesen Abend verspreche ich Ihnen ein Märchen, durch das Sie an nichts und an alles erinnert werden sollen."[202] Doch zuvor sollen „erst die sonderbaren Bilder wieder in meiner Seele lebendig werden, die mich in frühren Jahren oft unterhielten."[203] Zwar fordert der Alte einmal: „man soll keine meiner Geschichten deuten!"[204], gibt aber weiter den Hinweis auf die Herkunft von Stoffen aus der Wirklichkeit. Auf den Einwurf Luises „Sie werden uns doch nicht verwehren unsre Freunde und Nachbarn wieder zu kennen und wenn es uns beliebt das Rätsel zu entziffern."[205], erwidert der Alte:

> „Keineswegs. Sie werden mir aber auch dagegen erlauben in einem solchen Falle einen alten Folianten hervorzuziehen um zu beweisen, daß diese Geschichte schon vor einigen Jahrhunderten geschehen oder erfunden worden. Eben so werden sie mir erlauben heimlich zu lächeln, wenn eine Geschichte für ein altes Märchen erklärt wird, die unmittelbar in unsrer Nähe vorgegangen ist, ohne daß wir sie eben gerade in dieser Gestalt wieder erkennen."[206]

So sind in der Figur des Alten als Erzähler Aspekte von Goethes Märchenpoetik enthalten. Im gegebenen Zusammenhang lassen sich die Figuren der Rahmenerzählung als Spiegelungen der biographischen Schicht des *Märchens* verstehen. Wir können Charakterzüge der Baroneß und des Geheimerats als poetisches Ich des Geheimrats Goethe und der Elisabeth von Türckheim im Jahre 1795 verstehen, beide in ihren mittleren Jahren und durch das Leben geprüft.

Damit bindet die Rahmenhandlung das überzeitliche *Märchen* an die Gegenwart zurück.

Über Märchen und das *Märchen*

Märchenerzählungen der Mutter und die Neigung des Knaben, statt mit manchem Ausgang sich abzufinden, auf einer Änderung des Schlusses zu bestehen, bald Märchen nachzuerzählen und bald auch selbst zu erfinden, begründeten Goethes Verhältnis zu dieser Gattung, die ihm die ursprünglichste bleiben sollte. Daß Goethes Märchen, wo sie nicht auf Volksstoffen basieren, eine biographische Kontextualisierung aufweisen, zeigen Untersuchungen zum *Knabenmärchen*, *Der neue Paris* (*Dichtung und Wahrheit*, 2. Buch, 1. Teil) und der *Neuen Melusine* (aufgenommen in *Wilhelm Meisters Wanderjahre*). K. Mommsen weist in diesem Zusammenhang auf Goethes Neigung hin, sein Leben und Erleben als Märchen oder auch als Märchen-gleich zu bezeichnen.[207] Bei Abfassung von *Dichtung und Wahrheit* prägt Goethe den Begriff des *Lebensmärchens* (An Charlotte von Stein, Anfang Oktober 1811)[208], die *Italienische Reise* beschreibt er als „anmutiges Märchen". Als ein „Inneres Mährchen"[209] bezeichnet Goethe den *Faust* nach dessen Vollendung. Märchen trösten, da sie einem helfen, sich von „kummervollen Gedanken"[210] loszureißen. Ohne die Deutung weiter psychoanalytisch zu vertiefen, kann doch festgehalten werden, daß die Behandlung von Lebensstoffen in Goethes Märchen auch im Sinne biographischer Bewältigung zu verstehen ist.

Zur Charakteristik des Märchens findet sich in den *Maximen und Reflexionen* (Aus dem Nachlaß) eine aufschlußreiche Eintragung:

> „Märchen: Das uns unmögliche Begebenheiten unter möglichen oder unmöglichen Bedingungen als möglich darstellt.“[211]

Dagegen der Roman:

> „Der uns mögliche Begebenheiten unter unmöglichen oder beinahe unmöglichen Bedingungen als wirklich darstellt.“

Da die Zeitform aller Märchen, das Imperfekt, ein dauernd Unabgeschlossenes in sich birgt, können neu erfundene Märchen unabgeschlossene Begebenheiten aus der (eigenen) Vergangenheit in sich aufnehmen. Durch Märchen kann das Unabgeschlossene in die Gegenwart geholt und zu einem Schluß geführt werden, der Wünschen oder Träumen gleichkommt. So können „wohl ziemende Märchen“ zu einem „Gleichnis des Wünschenswertesten“ werden, wie es in *Wilhelm Meisters Wanderjahren* heißt:

> „weil der derjenige der sie als einem Roman wohl ziemende Märchen belächeln könnte, sie doch immer als ein Gleichnis des Wünschenswertesten betrachten dürfte.“[212]

Und in diesem Zusammenhang wird auch das den *Balladen* in der *Ausgabe letzter Hand* vorangestellte Motto, die Goethe in ihrer Stofflichkeit gleichfalls als Märchen versteht, als poetische Maxime, ja Credo, verstehbar:

> „Märchen, noch so wunderbar,
> Dichterkünste machen's wahr“[213]

IV. Schluß

Im *Märchen* hat Goethe Anspielungen auf sein Leben als Künstler zu einem ästhetischen Ganzen zusammengefügt, das der allgemeinen Leserschaft unzugänglich sein sollte. Seine Aussage im Alter, das *Märchen* sei ein Kunststück, „das zum zweitenmale schwerlich gelingen würde“[214], gibt einen deutlichen Hinweis auf den einzigartigen Inhalt. Der akzentsetzende Titel: *Das Märchen* in der *Ausgabe Letzter Hand* hebt dies durch Hinzufügung des Artikels hervor.

Das *Märchen* enthält eine multiple Referenzkette, die Goethes Leben und seine maurerischen Interessen zusammenbindet. Goethes Lebensgeschichte liefert dabei die Anspielungen, ohne die sich das *Märchen* dem Verständnis entzieht: Goethes Zeit mit Lili und vor Weimar fehlte bisher als ein wesentliches Interpretament zu dem vielschichtigen Text. Daher rührt das Problem bisheriger biographisch orientierter Deutungen. Es konnte hier gezeigt werden, daß Goethes Freimaurerei in der Zusammenschau mit den biographischen Spuren und textgenetischen Bezügen in verschiedenen Werkteilen eine nachvollziehbare Deutung des *Märchens* ergibt. Sie ergibt sich aus der Verflechtung der freimaurerischen Bausymbolik (Lebensgestaltung als Bauprozeß, Bau am Tempel der Humanität) mit Goethes Auseinandersetzung mit der Baugeschichte, mit Palladio und Vitruv und mit den Baulegenden (Ur-Hütte, Quatuor Coronati). Zusammengebunden hat Goethe all dies im Anschluß an seine Boccaccio-Rezeption im Aufbau der Rahmenhandlung und speziell in bezug auf die Falkennovelle, der er das bestimmende Vogelmotiv als handlungsentwickelndes Textelement entnimmt. Auch der stoffliche Vorwurf der Erzählung, gemäß dem Thema des Fünften Tages bei

Boccaccio: *Glücksfälle, die nach widrigen und betrübenden Ereignissen Liebende betroffen haben*, überträgt Goethe auf sein *Märchen*, das das Fragment gebliebene Falken-Drama aus der ersten Weimarer Zeit aufnimmt. Goethe hatte dies 1776 zur Bewältigung von der endgültigen Trennung von Lili schreiben wollen, aber nicht vollendet.

Die Ankunft des *Jünglings* bei der *Lilie* ist eine Allegorie auf die Einlösung eines im Leben gebrochenen Versprechens, denn biographisches Vorbild für die Figur der Lilie ist Lili Schönemann, Goethes Verlobte von 1775. Auch insofern wird verständlich, daß das Land der Lilie als eine schwer erreichbare Jenseitswelt dargestellt wird. Über das *Mops*symbol wird Lilie/Lili in die Nähe der Adoptions- und Frauenlogen gestellt. Die Verbindung der Familie Schönemann zur Freimaurerei erwähnt Goethe in *Dichtung und Wahrheit.*[215] Mit dem Ausspruch des Alten mit der Lampe: „Die Liebe herrscht nicht, aber sie bildet und das ist mehr“[216] wird die Liebe als vierte Kraft neben Weisheit, Schönheit und Stärke etabliert.

Im Zusammenhang mit der Bausymbolik werden die vier Könige im unterirdischen Tempel als Figurationen der legendären *Quatuor Coronati* gedeutet. Die vier gekrönten Märtyrer wird Goethe seit der Untersuchung des Straßburger Münsters als Patrone der Steinmetze gekannt haben (Skulpturengruppe am Nordturm, *Straßburger Steinmetzordnung*). Im *Märchen* sinkt der vierte, legierte König in sich zusammen, während der goldene, silberne und eherne dem Jüngling nach seinen Prüfungen die Insignien überreichen. Die aufgestandenen Könige verwandeln sich zu den *Drei heiligen Bildsäulen* im neuen Tempel. Damit bildet Goethe die Legende im Sinne seiner Märchenpoetik durch Neuerzählung und Hinzuerfindung schöpferisch um. Mit den *Irrlichtern* beginnt und endet die Handlung. Hier konnte in

Passagen über die Schweizer Reise 1775 gezeigt werden, daß sich Goethes Jungmännerfreunde, die Grafen zu Stolberg-Stolberg mit den unruhigen Lichtern identifizieren lassen.

Das Ende des *Märchens* ist überaus bedeutend: Der Tempel steigt am Fluß auf, wodurch ein weiterer Traum erfüllt wird, denn es ist die Vollendung des symbolisch zu verstehenden Tempels der Humanität. Seine Beschreibung als Rundkuppelbau orientiert sich an Palladios Villa Capra (gen. Rotonda), die gleichfalls an einem Fluß steht. Im *Märchen* wird die Entstehung des Tempels um einen Brückenbau ergänzt, die einen Entwurf Palladios dichterisch realisiert (*Steinbrücke nach meinem Entwurf*). Mit dem Brückenthema ergibt sich zum einen eine Analogie zum Herzogtum an der Ilm, denn auch in Weimar war die Brückensituation zur Regierungszeit Carl Augusts problematisch. Die Pläne zur Erbauung einer neuen Brücke in Ersatz der alten Floßfähre stammen aus dieser Zeit. Zum anderen ist dieses Motiv mit palladianisch beeinflußten Landschaftsgärten verbunden (Goethe in Wörlitz). Im *Märchen* entsteht die Brücke aus einem Transmutationsprozeß der Schlange, womit die Verbindung zur Alchemie und der darauf basierenden Hochgradmaurerei hergestellt wird.

Mit dem Schlußbild überführt Goethe das *Märchen* von der privaten Codierung in ein Allgemeines und Überzeitliches. Die Einreichung des *Märchen*-Manuskripts für die *Horen* verbindet Goethe mit der selbstgestellten Anforderung am Wünschenswertesten festzuhalten. Und dies ist angesichts der kriegsbestimmten Zeitläufte „l'ordre du jour", im Sinne von Tagesanforderung, wie er seinem Freund Friedrich Schiller schreibt. Und eben dies ist gegenwärtig nur in einem Märchen möglich. Das *Märchen* endet in einem Dreiklang von „Feierlichkeit, Glück, Entzücken"[217], mit Blick in eine große Zukunft. Dann nämlich sind alle Prophezeiungen erfüllt, Ehen werden neu geschlossen, ein Jungbrunnen verjüngt die Alten, ein zufriedenes Volk zieht seine Bahn. Der Fluß ist über die Brücke passierbar, „wodurch diese nachbarlichen Ufer erst zu Ländern belebt und verbunden werden.“[218]und „bis auf den heutigen Tag ist der Tempel der besuchteste auf der ganzen Erde.“[219]

Goethe zeichnet im *Märchen* das Bild einer Gesellschaft, die sich bauend und handelnd weiterentwickelt. Drei Jahrzehnte später erhält diese Idee im Schluß des *Faust* ihre große dichterische Form. Den *Höchsten Augenblick* findet Faust im Baugedanken und der Vision von einem freien, tüchtigen Volk, das auf urbar gemachtem Land siedelt.[220] Bautätigkeit bedeutet schließlich die Ermöglichung kulturellen Verkehrs. Mit dem *Märchen* hat Goethe 1795 eine Bauerzählung geschaffen, die parallel zur Errichtung des Römischen Hauses entstand und Anspielungen zum Ilm-Park enthält, wie die Flußlage oder das Brückenproblem. Auch für das Römische Haus wurde ein entsprechender Bauplatz gewählt, sowohl der Baukörper als auch die Innenausstattung enthält masonische Chiffren.

Gut drei Jahrzehnte und zahlreiche Bauvorhaben später wurde 1825 Carl Augusts 50. Regierungsjubiläum gefeiert. Hierzu verfaßte Goethe ein Lied *Zur Logenfeier des Dritten Septembers 1825*, das am 13. September in der Loge Amalia vorgetragen wurde.[221] Die Verse aus dem Schlußteil greifen das Bauen in Weimar im freimaurerischen Zusammenhang auf und unterstreichen im letzten Lebensabschnitt nochmals die Relevanz des Bauens für Goethe und Carl August.

> „Nun auf und laßt verlauten
> Ihr brüderlich Vertrauten!

Wie ihr geheim verehret
Nach außen sei's gekehret!
[...]
Wo wir ins Leere schauten
Erscheinen edle Bauten"[222]

Die ausgeführte Deutung des *Märchens* möchte zum Verständnis des Textes dieser unbekannten Seite von Carl Augusts Regierungszeit und Goethes Wirken in Weimar beitragen. Es wäre zu wünschen, daß daraus sich ergebende Fragestellungen zu weiterer Untersuchung anregen.

Anmerkungen

1 Goethes Römisches Haus. Ein Freimaurertempel. 2., überarbeitete u. ergänzte Aufl., Berlin, Bern u.a. 2020.

2 Professor Dr. Anselm Maler gilt erneut mein herzlicher Dank für die anregenden wie ermutigenden Gespräche während der Entstehung auch dieser Arbeit.

3 Unterhaltungen deutscher Ausgewanderten. In: Die Horen, eine Monatsschrift herausgegeben von Schiller. 1. Jahrgang. 4. Bd., 10. Stück. Tübingen 1795, S. 108–152. Textgrundlage: MA 4.1, I: Wirkungen der Französischen Revolution 1791-1797. Reiner Wild (Hrsg.). München u. Wien 1988, S. 519–550. Verwendete Schreibweise: *Märchen*.

4 ALH 15. Stuttgart und Tübingen 1829, S. 213–263.

5 Camilla Lucerna: Goethes Rätselmärchen. In: Euphorion, 53 (1959), S. 41–60.

6 Zur Erwähnung des *Märchens* in Gotthilf Heinrich Schuberts *Ansichten von der Nachtseite der Naturwissenschaft* (1808). Zit. nach Sigrid Bauschinger: [Artikel] Unterhaltungen deutscher Ausgewanderten; Die Rezeption des Märchens. In: Goethe Handbuch in 4 Bdn. Bernd Witte, Theo Buck u.a. Stuttgart u. Weimar (Hrsg.); Bd. 3: Prosaschriften. Bernd Witte und Peter Schmidt. (Hrsg.) Stuttgart u. Weimar 1997, S. 246.

7 Günter Oesterle: Die „schwere Aufgabe, zugleich bedeutend und deutungslos“ sowie „an nichts und alles erinnert“ zu sein. Bild- und Rätselstrukturen in Goethes „Das Märchen“. In: Helmut J. Schneider, Rolf Simon, Thomas Wirtz (Hrsg.): Bildersturm und Bilderflut um 1800. Bielefeld 2001, S. 184–209.

8 MA 4.1, I, S. 1058.

9 An Goethe, 29. August 1795. MA 8.1: Briefwechsel zwischen Schiller und Goethe in den Jahren 1794 bis 1805. Manfred Beetz (Hrsg.). München u. Wien 1990, S. 103.

10 Cotta an Schiller, 23. Oktober 1795; Schiller an Cotta, 16. November 1795. In: Briefwechsel zwischen Schiller und Cotta. Wilhelm Vollmer (Hrsg.) Stuttgart 1876, S. 125 u. 136.

11 An Schiller, 26. September 1795. MA 8.1, S. 111 f.

12 MA 4.1, I, S. 718.
13 S. 792.
14 MA 13.1: Die Jahre 1820-1826. Gisela Henckmann u. Irmela Schneider (Hrsg.). München u. Wien 1992, S. 13.
15 An Schiller, 21. November 1795. MA 8.1, S. 127.
16 An Wilhelm von Humboldt, 27. Mai 1796. MA 4.1, I, S. 1066.
17 Theodor Friedrich: Goethes Märchen. Mit einer Einführung und einer Stoffsammlung zur Geschichte und Nachgeschichte des „Märchens". Leipzig o.J. [1925], S. 130.
18 Siegfried Seifert: Goethe-Bibliographie 1950-1990. 3 Bde. München 2000; Bd. 2; S. 873–877.
19 Insbesondere die esoterische Verklärung durch Rudolf Steiner hat die Rezeption des *Märchens* beeinflußt und zahlreiche Nachauslegungen hervorgebracht. (Goethes geheime Offenbarung exoterisch u. esoterisch: 2 Vorträge [..] Dornach 1932).
20 Friedrich Gundolf: Goethe. 7. Aufl. Berlin 1920, S. 490 f.
21 MA 4.1, I, S. 1048.
22 S. 1049.
23 Gonthier-Louis Fink: Goethe-Studien/Études sur Goethe 1971-2017. Anne Feler, Raimond Heitz u.a. (Hrsg.). Würzburg 2020. Darin „Das Märchen". Goethes Auseinandersetzung mit seiner Zeit, S. 271–296.
24 Andreas Beck: Geselliges Erzählen in Rahmenzyklen. Goethe – Tieck – E.T.A. Hoffmann. Heidelberg 2008; S. 53–243. Niggl, Günter: Verantwortliches Handeln als Utopie? Überlegungen zu Goethes *Märchen*. In: ders.: Studien zur Literatur der Goethezeit. Berlin 2001, S. 91–105. Claudia Keller: Hin und Her: Utopie lebendiger Gemeinschaft in Goethes Märchen und die Folgen (Wanderjahre, Keller, Handke). In: Deutsche Vierteljahrsschrift für Literaturwissenschaft und Geistesgeschichte; 2020 Juni; 94(2): S. 161–179.
25 Gottschalk Eduard Guhrauer: Über Goethe's *Unterhaltungen Deutscher Ausgewanderten*. In: Jahrbücher der Literatur. 116. Bd, 1846; Anzeigenblatt, S. 66 f.
26 Heinrich Viehoff: Goethe's Leben. 3. Tl. Stuttgart 1849, Zu den *Unterhaltungen*: S. 274–281; S. 279. Viehoff arbeitet die

Boccaccio-Rezeption Goethes heraus, allerdings ohne den Bezug zur Falken-Novelle zu erkennen.

27 Friedrich Meyer von Waldeck [ps., Clemens Friedrich Meyer]: Goethe's Märchendichtungen. Heidelberg 1879.

28 August Wolfstieg: Goethes Märchen von der grünen Schlange. In: Monatshefte der Comenius-Gesellschaft für Kultur und Geistesleben, Ludwig Keller (Hrsg.), XXI. Band, 1912, 1. Heft; S. 5–14, S. 10.

29 S. 11.

30 Oswald Wirth: Le Serpent vert: conte symbolique/Goethe; trad. [de l'allemand] et commenté par Oswald Wirth; préf. par Albert Lantoine.– 2e éd. [Texte imprimé]. Paris 1922. Zit. nach: Theodor Friedrich: Goethes Märchen, S. 242.

31 S. 239.

32 Georg Brandes: Goethe. 4. Aufl. Berlin 1922, S. 384 f.

33 Ebd.

34 Hans Mayer: Das unglückliche Bewußtsein. Zur deutschen Literaturgeschichte von Lessing bis Heine. Darin: Goethes „Märchen" als Parabel der Revolution, S. 315–338; S. 334. Ähnlich schon Brandes (Goethe, S. 385).

35 MA 6.1: Weimarer Klassik 1798-1806. Hrsg. v. Victor Lange. München u. Wien 1986, S. 915.

36 Zu Goethes Beschäftigung mit Mozarts „Zauberflöte" im Zusammenhang mit dem Weimarer Bauensemble: Goethes Römisches Haus, S. 50 f, 88, 95.

37 Mayer: Das unglückliche Bewußtsein, S. 334.

38 MA 8.1, S. 103.

39 Ernst Bloch: Atheismus im Christentum. Hamburg 1970, S. 167.

40 MA 4.1, I, S. 547.

41 S. 537.

42 S. 538 f.

43 LP [Artikel] Schlange.

44 MA 4.1, I., S. 520.

45 S. 521.

46 Ähnlich bei Alice Raphael, einer Schülerin C. G. Jungs: *Goethe and the Philosopher's Stone*. London 1965; Goethe und der Stein der Weisen. Über Symbolmuster in „Das Märchen" und in „Faust.

Der Tragödie zweiter Teil". Aus dem Engl. v. Henriette Schulz. Amsterdam 1990, S. 110 u. 132.

47 MA 4.1, I, S. 524.

48 S. 526.

49 Ebd.

50 S. 542.

51 S. 547.

52 LP [Artikel] Hermes Trismegistos.

53 Ebd.: Oswald Wirth: Le Symbolisme hérmetique das ses rapports avec l'Alchemie et la Franc-Maçonnerie, 2. Aufl. 1931.

54 Ohly, Friedrich: Römisches und Biblisches in Goethes *Märchen*. In: Ausgewählte und neue Schriften zur Literaturgeschichte und zur Bedeutungsforschung. Stuttgart 1995, S. 217–235. ED in: ZfdA91 (1961), S. 147–166. Das eingesunkene Pantheon sowie die Kuppel des Petersdomes und die Platzanlage mit dem Säulengang und dem Obelisken nimmt Ohly als Vorbild für den Tempel an. (S. auch Jan Büchsenschuß: Nachdenken über deutsche Baukunst. Goethe und die Architekturtheorie. 2. Aufl. Berlin 2021, S. 129).

55 S. 232.

56 S. 217. Ohly bezeichnet August von Gotha als „ernstzunehmenden Leser", Schiller hingegen wirke in bezug auf das *Märchen* „seltsam ahnungslos" (ebd.).

57 An Goethe, 13. Dezember 1795. MA 4.1, I., S. 1061.

58 Ebd..

59 Ebd..

60 MA 4.1, I, S. 1062.

61 „Selig ist, der da liest und die da hören"(Off. 1,3) oder auch „Selig ist, der die Worte der Weissagung in diesem Buch bewahrt." (22,7). Die Wendung findet sich insgesamt an acht Stellen.

62 MA 8.1, S. 111.

63 S. 97.

64 MA 4.1, I, S. 525.

65 S. 535.

66 S. 543.

67 [Artikel] Farbsymbolik, freim. In: Reinhold Dosch: Deutsches Freimaurerlexikon. 2. überarb. Aufl. Bonn 1999.
68 MA 4.1, I, S. 519.
69 Ebd..
70 S. 520.
71 S. 528.
72 S. 544.
73 Ebd..
74 Ebd..
75 Ebd..
76 Volker Plagemann: Die Villen des Andrea Palladio. Bremer Zentrum für Baukultur u. d. Deutsch-Italienischen Gesellschaft in Bremen u. Hamburg (Hrsg.). Hamburg 2012, S. 89.
77 An Goethe, 13. September 1795; An Schiller, 16. September 1795.
78 MA 15: Italienische Reise. Andreas Beyer u. Norbert Miller (Hrsg.). München u. Wien 1992, S. 103.
79 An J. H. Meyer, 30. Dezember 1795. Goethes Briefe und Briefe an Goethe. Bd. 2: Briefe der Jahre 1786-1805. Karl Robert Mandelkow u. Bodo Morawe (Hrsg.). 2. Aufl. München 2013, S. 213.
80 Zur Turmbibliothek: Goethes Römisches Haus, S.79 ff.
81 Eintragung vom 8. August 1815. In: Sulpiz Boisserée Tagebücher. Hans-Joachim Weitz (Hrsg.). Bd. 1, 1808-1823. Darmstadt 1978, S. 241. Zit. nach: Hubertus Günther: Goethe begegnet Palladio. In: Jahrbuch des Freien Deutschen Hochstifts 2020 (2021), S. 109.
82 Ernst Thomas Reimbold: [Artikel] Flußgottheiten. In: Manfred Lurker (Hrsg.): Wörterbuch der Symbolik. 5. Aufl. Stuttgart 1991.
83 Renate Hücking: Mit Goethe im Garten. Inspiration und Grünes Wissen aus den Gärten der Goethezeit. München 2013, S. 136.
84 Goethes Römisches Haus, S. 110 ff, Abb. 26.
85 MA 4.2, S. 519–603.
86 Johannes Beckmann, De historia naturali veterum, libellus primus. Göttingen 1766, S. 135. Die Angabe „II." hängt wohl mit der Bindung in zwei Teilen zusammen, da ein zweiter Band nicht erschien. Druck- und mögliche Übernahmefehler aus dem unleserlichen Digitalisat wurden für die Übertragung ins Deutsche grammatisch-lexikalisch korrigiert.

87 MA 4.1, I, S. 525.

88 Zit. nach Theodor Friedrich: Goethes Märchen, S. 198. Im Zusammenhang mit dem zitierten Dialog verweist er auf: *Die drei ältesten Kunsturkunden der Freimaurerbrüderschaft* (Dresden 1810).

89 MA 4.1, I, S. 526.

90 Ebd..

91 Des Marcus Vitruvius Pollio Baukunst. Aus der römischen Urschrift übers. v. August Rode. 2 Bde. Leipzig 1796, Bd. 1, S. 64 f.

92 MA 4.1, I, S. 525.

93 S. 542.

94 MA 3.1, Italien und Weimar 1786-1790, I, Norbert Miller u. Hartmut Reinhardt (Hrsg.). München u. Wien 1990, S. 122.

95 S. 123.

96 Des Marcus Vitruvius Pollio Baukunst. 2. Band, S.178 f.

97 Über die Villa Capra als Vorbild im Märchen *Der neue Paris:* Hubertus Günther: Palladios Villa Rotonda als Märchenschloss Goethes. In: Barbara v. Orelli-Messerli (Hrsg.): Ein Dialog der Künste: Beschreibungen von Architektur in der Literatur von der Frühen Neuzeit bis zur Gegenwart. Petersberg 2012, S. 68–81; S. 69 f.

98 MA 1.2: Der junge Goethe. 1757-1775. Gerhard Sauder (Hrsg.). München u. Wien, 1987, S. 415–423; S. 416. Bezieht sich auf Marc-Antoine Abbé Laugiers Schrift *Essai sur l' architecture* (1755).

99 MA 3.2: Italien und Weimar 1786-1790. Hans J. Becker, Hans-Georg Dewitz, Norbert Miller u.a.. (Hrsg.). München u. Wien 1990, S. 164.

100 Wiederholt sind Figuren des *Märchens* auf Lebensvorbilder bezogen worden. So etwa in Novalis' Gedicht *Blumen* (1798), anläßlich der Thronbesteigung Friedrich Wilhelms III. verfaßt, huldigt Königin Luise und ihrem Gatten in Anlehnung an Goethes *Märchen*. Auch in Klingsohrs Märchen (*Heinrich von Ofterdingen*, 1. Tl., 9. Kap.) knüpft Novalis an das *Märchen* an (Lilie, König, Schlange als Ouroboros). Novalis. Werke, Tagebücher und Briefe Friedrich von Hardenbergs. Hans-Joachim Mähl

und Richard Samuel (Hrsg.). 3 Bde. München 1978. Lizenzausgabe Darmstadt 1999, Bd. 3: *Kommentar* v. Hans Jürgen Balmes, S. 141 f. Der Goethe-Herausgeber Max Morris sah den Weimarer Kreis als Vorbild, wonach der Jüngling: Carl August, die Lilie: Herzogin Luise, der Alte mit der Lampe: Goethe und dessen Weib: Christiane Vulpius darstellten (Goethe-Studien, 1. Bd., 1897).

101 Siehe hierzu: Albert Bielschowsky: Goethe. Sein Leben und seine Werke. Bd. 1, 3. Aufl. 1901; „Lili", S. 220–37. Hier gewählte Schreibweise: *Lili.*

102 MA 16: Aus meinem Leben Dichtung und Wahrheit. Peter Sprengel (Hrsg.). München u. Wien 1985, S. 743.

103 S. 811.

104 Goethes Gespräche mit Friedrich Soret in Eckermanns Bearbeitung. In: Franz Deibel (Hrsg.): Goethes Gespräche mit J. P. Eckermann. 2 Bde. Leipzig 1908, Bd. 2, S. 349–422; S. 385f.

105 MA 16, S. 811.

106 Deibel: Goethes Gespräche mit Johann Peter Eckermann, S. 387.

107 Die Handlung spielt – zeitgleich zur Entstehung des *Märchens* – im August 1795 (Goethe an J. H. Meyer, 5. Dezember 1796).

108 Gabriele Blod: „Lebensmärchen". Goethes *Dichtung und Wahrheit* als poetischer und poetologischer Text. Würzburg 2003, S. 269 ff.

109 Die *Harfe* ist als Sinnbild für den Ursprung der Kunst verstehbar, wie der Mythen-Kreis um Hermes überliefert. (Goethes Römisches Haus, S. 30 f).

110 MA 4.1, I, S. 531.

111 MA 1.1, Der junge Goethe 1757-1775. Gerhard Sauder (Hrsg.). S. 266.

112 MA 4.1, I, S. 537.

113 Anselm Maler (Hrsg.): Anonym [d.i. Gabriel Louis Calabre Perau]: Der verrathene Orden der Freymäurer, und das offenbarte Geheimniß der Mopsgesellschaft. Reprografischer Nachdruck der Ausgabe Frankfurt u. Leipzig 1745. Habichtswald 2000.

114 Goethes Poetische Werke. Gesamtausgabe der Werke und Schriften in 22 Bdn. Liselotte Lohrer, Paul Stapf u. Gerhart Baumann

(Hrsg.). Stuttgart 1949-1954. 10. Bd.: Autobiographische Schriften. Dritter Teil, S. 866.

115 MA 16, S. 748.

116 Ähnlich A. Raphael: Goethe und der Stein der Weisen, S. 114.

117 MA 4.1, I, S. 546.

118 Ebd.. Ähnliche Deutung bei A. Wolfstieg.

119 MA 4.1, I, S. 536.

120 S. 547.

121 MA 16, S. 780.

122 Ebd..

123 Ebd..

124 Ebd..

125 MA 4.1, I, S. 549.

126 Brandes: Goethe, S. 384.

127 MA 4.1, I, S. 545.

128 Für inspirierende Gespräche über Goethes *Märchen* und das Motiv der Vier Gekrönten danke ich Lucia Mötting und Dr. Jan Brem recht herzlich.

129 LP [Artikel] Quatuor Coronati.

130 Ebd..

131 Ebd..

132 Dietmar Wolf: Die Strassburger Steinmetz-Bruderschaft. In: Kunst und Stein. Verband Schweizerischer Bildhauer- und Steinmetzmeister (Hrsg.). 2, 2015, S. 15.

133 Walther Killy: Der Begriff des Mythos bei Goethe und Hölderlin. In: Wissenschaft und Existenz: Ein interdisziplinäres Symposium. Dieter Bremer (Hrsg.). Würzburg 1985 (Würzburger Jahrbücher für die Altertumswissenschaft, Beiheft. Neue Folge, Bd. 1, 1985), S. 75–86; S. 76.

134 MA 4.1, I, S. 546.

135 S. 549.

136 S. 550.

137 S. 542 u. 546.

138 MA 4.1, I, S. 549.

139 MA 15, S. 476 u. 487. J. H. W. Tischbeins Ganzfigur-Porträt zeigt Goethe auf den Fragmenten eines Obelisken ruhend.

140 Ohly, Römisches und Biblisches in Goethes *Märchen*, S. 226.

141 MA 4.1, I, S. 524.
142 Andrea Palladio: I quattro libri dell' architectura / Die vier Bücher zur Architektur. Aus d. Italienischen übersetzt und eingeleitet v. Hans-Karl Lücke. 2. Aufl. Wiesbaden 2009, S. 138.
143 MA 4.1, I, 545.
144 MA 15, S. 62.
145 Beispiele für überbaute Kleinarchitekturen sind die *Casa Santa* in Loreto, Italien, die *Casa Santa* in der Kirche *Loreto* in Prag oder die Wallfahrtskirche *Maria Loreto / Svatá Loreta* in der Nähe von Cheb/Eger. Auch die Erscheinungsgrotte in der Wallfahrtsbasilika *Vierzehnheiligen* in Oberfranken ist diesem Typus zuordenbar. Zu ‚Goethe in Loreto' im Zusammenhang mit dem Hütten-Altar im Märchen: Martin Mosebach: Die schöne Gewohnheit zu leben. Eine italienische Reise. Berlin 1997. S. 128–130.
146 MA 16, S. 779 f.
147 MA 4.1, I., S. 547.
148 Auf den Zusammenhang hat zuerst J. Büchsenschuß hingewiesen (Nachdenken über deutsche Baukunst, S. 130).
149 Palladio: Die vier Bücher zur Architektur, S. 245.
150 MA 4.1, I., S. 547.
151 Am 23. September schickt Goethe das Manuskript des *Märchens* an Schiller zurück und räumt ein, daß die von Schiller angeregte Veröffentlichung in einem Stück doch besser sei, da noch „Zurechtrückungen" erfolgen konnten. Die Antwort Schillers vom 25. September fehlt, am 26. schreibt Goethe „Selig sind, die da Märchen schreiben, denn Märchen sind l'ordre du jour". Schiller an Goethe am 2. Oktober: Das Märchen hat unterhalten und gefällt gewiß allgemein, „Mündlich ein Mehreres", und am 3. Oktober Goethe an Schiller: „daß mir, nach Ihrem Urtheil, das Märchen geglückt ist, macht mir viel Freude, und ich wünsche über das Ganze nunmehr mit Ihnen zu sprechen und noch einige Versuche zu machen." MA 8.1, S. 111–113.
152 MA 4.1, I, S. 534.
153 Palladio: Die vier Bücher zur Architektur, S. 245.

154 Ludwig Trauzettel: Die Wörlitzer Anlagen – Geschichte und Gegenwart. In: Der Englische Garten zu Wörlitz. 2. durchges. und erg. Aufl. Berlin u. München: Verlag f. Bauwesen 1994. Enth. Beschreibung des Fürstlichen Anhalt-Dessauischen Landhauses und Englischen Gartens zu Wörlitz v. August Rode. S. 165–211, S. 182. Mit herzlichem Dank an Dipl.-Ing. Architekt Heinz Hoffmann (Berlin) für zahlreiche fachliche Hinweise und fortgesetzten Gedankenaustausch.
155 Johann Wolfgang Goethe: Sämtliche Werke. Briefe Tagebücher und Gespräche. Bd. 2: Das Erste Weimarer Jahrzehnt. Hrsg. v. Hartmut Reinhardt Frankfurt/M. 1997, S. 129.
156 MA 16, S. 763.
157 Ebd..
158 S. 765.
159 S. 796.
160 S. 766.
161 An Charlotte von Stein, 11. Juni 1784. (Johann Wolfgang Goethe: Sämtliche Werke. Briefe Tagebücher und Gespräche. Bd. 2: Das Erste Weimarer Jahrzehnt, S. 518).
162 MA 4.1, I, S. 518.
163 MA 16, S. 766.
164 Ebd..
165 S. 794.
166 Ebd..
167 S. 796.
168 Ebd..
169 MA 4.1, I, S. 519 u. 526.
170 MA 16, S. 225.
171 MA 4.1, I, S. 1054.
172 Nach MA 4.1, I, S. 1054 f.
173 Deibel: Goethes Gespräche mit Johann Peter Eckermann, S. 96.
174 Nach MA 4.1, I, S. 1053: Die Deutung der letzten Spalte geht wahrscheinlich auf Charlotte von Kalb zurück.
175 Edith Kempf: [Artikel] Mährchen, zur Fortsetzung der Unterhaltungen deutscher Ausgewanderten. In: Kindlers neues Literatur-Lexikon. Walter Jens (Hrsg.). Bd. 6. München 1996. Ariane Ludwig: Ohne Poesie läßt sich nichts in der Welt wirken, Poesie

aber ist Mährchen. Zu Goethes Märchen und seinem Mährchen. In: Fabula, Bd. 55 (2014), 1/2; S. 87–104.

176 MA 18.1, Letzte Jahre 1827-1832, I. Gisela Henckmann u. Dorothea Hölscher-Lohmeyer (Hrsg.). München u. Wien 1997, Faust. Der Tragödie zweiter Teil, S. 928 (Kommentar).

177 Johann Wolfgang Goethe: Sämtliche Werke. Briefe, Tagebücher und Gespräche. Bd. 1: Von Frankfurt nach Weimar. Hrsg. v. Wilhelm Große Frankfurt/M. 1997, S. 436.

178 Johann Wolfgang Goethe: Sämtliche Werke. Briefe Tagebücher und Gespräche. Bd. 2: Erstes Weimarer Jahrzehnt, S. 56.

179 Karina Becker: Der andere Goethe. Die literarischen Fragmente im Kontext des Gesamtwerks. Frankfurt/M. 2012, S. 165–170. Die Autorin merkt an, daß der Grund für die Aufgabe des Vorhabens nicht bekannt ist. Becker zieht das Verhältnis Goethe-Lenz als Hintergrund heran (Becker, S. 168 f). Der Kommentar der Münchner Ausgabe begründet den Abbruch des Vorhabens mit Goethes Beziehung zu Charlotte von Stein, die kurze Zeit später in den Einakter *Die Geschwister* eingeflossen sei (MA 2.1: Erstes Weimarer Jahrzehnt. 1775-1786. Hrsg. v. Hannelore Schlaffer, Hans J. Becker u. Gerhard H. Müller, München u. Wien 1987, S. 729 f)

180 Becker, S. 168.

181 MA 2.1, S. 492.

182 Johann Wolfgang Goethe: Sämtliche Werke. Briefe Tagebücher und Gespräche. Bd. 2: Erstes Weimarer Jahrzehnt, S. 56.

183 MA 2.1, S. 526: „Auf langen Wegen, wie sie in Goethes Schaffensentwicklung nicht selten sind, wurde aus einer ihm aufgezwungenen Form [...]ein produktives Bild- und Dichtungselement."

184 MA 4.1, I, S. 536.

185 Ebd..

186 S. 533.

187 S. 1055

188 S. 539.

189 S. 549.

190 Ebd..

191 MA 17, Wilhelm Meisters Wanderjahre. Maximen und Reflexionen. Gonthier-Louis Fink, Gerhart Baumann u. Johannes John (Hrsg.). München u. Wien 1991, S. 381. Das Motiv ist im Verständnis der antiken Vogelschau gestaltet.
192 Max Koch: „Türckheim, Anna Elisabet v." in: Allgemeine Deutsche Biographie 39 (1895), S. 2–6 [Online-Version]; URL: https://www.deutsche-biographie.de/pnd118795333.html#adbcontent.
193 MA 4.1, I, S. 436.
194 Ebd..
195 S. 446.
196 S. 440.
197 S. 442.
198 S. 440 f.
199 S. 446.
200 S. 437.
201 S. 453.
202 S. 518.
203 Ebd..
204 S. 456.
205 Ebd..
206 Ebd..
207 Goethe Märchen. Hrsg. u. komm. v. Katharina Mommsen. Frankfurt/M. u. Leipzig 1998, S. 126 f. Die Autorin nimmt als Adressat des *Märchens* Schiller an (S. 203 ff), damit folgt sie P. Pfaff: Das „Horen-Märchen". Eine Replik Goethes auf Schillers „Briefe über die ästhetische Erziehung" In: Geist und Zeichen. FS f. Arthur Henkel. Herbert Anton u.a. (Hrsg.). Heidelberg, 1977, S. 320–332. (MA 4.1, I, S. 1049)
208 Mommsen: Goethe Märchen, S. 127.
209 An Sulpiz Boisserée, 8. September 1831.
210 WA I, 18, S. 297.
211 WA I, 42.2, S. 249.
212 3. Buch, 14. Kap.; MA 17, S. 672.
213 ALH 1. Stuttgart und Tübingen 1827, S. 175.
214 An Thomas Carlyle, 6. Juni 1830. MA 4.1., I, S. 1067.
215 MA 16, S. 748.
216 MA 4.1, I, S. 546.

217 S. 546.
218 S. 547.
219 S. 550.
220 V 11560-68. MA 18.1, S. 334 f. Weiter bis zum Ende von Fausts letztem Monolog (bis V 11586). Die Untersuchung dieses Zusammenhangs fordert eine eigene Studie.
221 Gotthold Deile: Goethe als Freimaurer. Berlin 1908. S. 89–95, S. 90.
222 MA 13,1, S. 123.

Literatur

Abkürzungsverzeichnis

ALH: Goethe's Werke. Vollständige Ausgabe letzter Hand. Stuttgart und Tübingen, in der J. G. Cotta'schen Buchhandlung, 1827-1842.

LP: Lennhof, Eugen u. Posner, Oskar: Internationales Freimaurer Lexikon. Unveränderter Nachdruck der Ausgabe von 1932. München 1980.

MA: Johann Wolfgang Goethe Sämtliche Werke nach Epochen seines Schaffens. Münchner Ausgabe. Karl Richter (Hrsg.) in Zusammenarbeit m. Herbert G. Göpfert, Norbert Miller u. Gerhard Sauder. München u. Wien 1985 ff.

Verwendete Ausgaben

Goethe's Werke. Vollständige Ausgabe letzter Hand. Stuttgart und Tübingen, in der J. G. Cotta'schen Buchhandlung, 1827-1842.

Johann Wolfgang Goethe Sämtliche Werke nach Epochen seines Schaffens. Münchner Ausgabe. Karl Richter (Hrsg.) in Zusammenarbeit m. Herbert G. Göpfert, Norbert Miller u. Gerhard Sauder. München 1985 ff.

Weitere Literatur

Brandes, Georg: Goethe. 4. Aufl. Berlin 1922.

Beck, Andreas: Geselliges Erzählen in Rahmenzyklen. Goethe – Tieck – E.T.A. Hoffmann. Heidelberg 2008 (Zugl. Univ. Diss. Tübingen 2006).

Becker. Karina: Der andere Goethe. Die literarischen Fragmente im Kontext des Gesamtwerks. Frankfurt/M. 2012 (Zugl. Univ. Diss. Münster 2011).

Büchsenschuß, Jan: Nachdenken über deutsche Baukunst. Goethe und die Architekturtheorie. 2. Aufl. Berlin 2021 (Zugl. Univ. Diss. Berlin, Techn. Univ. 2009).

Deibel, Franz (Hrsg.): Goethes Gespräche mit Johann Peter Eckermann. 2 Bde. Leipzig 1908.

Deile, Gotthold: Goethe als Freimaurer. Berlin 1908.

von Einem, Herbert: Goethe und Palladio. In: Nachrichten der Akademie der Wissenschaften in Göttingen I. Philologisch-Historische Klasse Jahrgang 1956, 1. Göttingen 1956.

Friedenthal, Richard: Goethe. Sein Leben und seine Zeit. Zürich 1963.

Friedrich, Theodor: Goethes Märchen. Mit einer Stoffsammlung zur Geschichte und Nachgeschichte des *Märchens.* Leipzig o.J. [1925].

Günther, Hubertus: Palladios Villa Rotonda als Märchenschloss Goethes. In: Barbara v. Orelli-Messerli (Hrsg.): Ein Dialog der Künste: Beschreibungen von Architektur in der Literatur von der Frühen Neuzeit bis zur Gegenwart. Petersberg 2012, S. 68-81.

ders. Goethe begegnet Palladio. In: Jahrbuch des Freien Deutschen Hochstifts 2020 (2021), S. 76-120.

Guhrauer, Gottschalk Eduard: Über Goethe's *Unterhaltungen Deutscher Ausgewanderten*. In: Jahrbücher der Literatur. 116. Bd, 1846; Anzeigenblatt, S. 66 f.

Gundolf, Friedrich: Goethe. 7. Aufl. Berlin 1920.

Keller, Claudia: Hin und Her: Utopie lebendiger Gemeinschaft in Goethes Märchen und die Folgen (Wanderjahre, Keller, Handke). In: Deutsche Vierteljahrsschrift für Literaturwissenschaft und Geistesgeschichte; 2020 Juni; 94(2): 161-179.

Keller, Harald: Goethe, Palladio und England. Bayerische Akademie der Wissenschaften, Philosophisch-Historische Klasse. Sitzungsberichte Jahrgang 1971, 6. München 1971.

Killy, Walther: Der Begriff des Mythos bei Goethe und Hölderlin. In: Wissenschaft und Existenz: Ein interdisziplinäres Symposium. Dieter Bremer (Hrsg.). Würzburg 1985 (Würzburger Jahrbücher für die Altertumswissenschaft, Beiheft) Neue Folge, Bd. 1, 1985, S. 75-86.

Lennhof, Eugen u. Posner, Oskar: Internationales Freimaurer Lexikon. Unveränderter Nachdruck der Ausgabe von 1932. München 1980.

Lucerna, Camilla: „Das Märchen". Goethes Naturphilosophie als Kunstwerk. Leipzig 1910.

- dies. Goethes Rätselmärchen. In: Euphorion, 53 (1959), S. 41-60.

- dies. Wozu dichtete Goethe „Das Märchen"? In: Goethe Jahrbuch 25, 1963, S. 206-219.

Ludwig, Ariane: Ohne Poesie läßt sich nichts in der Welt wirken, Poesie aber ist Mährchen. Zu Goethes Märchen und seinem Mährchen. In: Fabula, Bd. 55 (2014), 1/2; S. 87-104.

Maler, Anselm (Hrsg.): Anonym [d.i. Gabriel Louis Calabre Perau]: Der verrathene Orden der Freymäurer, und das offenbarte Geheimniß der Mopsgesellschaft. Reprografischer Nachdruck der Ausgabe Frankfurt u. Leipzig 1745. Habichtswald 2000.

Mayer, Hans: Das unglückliche Bewußtsein. Zur deutschen Literaturgeschichte von Lessing bis Heine. 1986. Darin: Kap. V, 3: Goethes „Märchen" als Parabel der Revolution, S. 315-338.

Meyer von Waldeck, Friedrich [ps., Clemens Friedrich Meyer]: Goethe's Märchendichtungen. Heidelberg 1879.

Mommsen, Katharina: Goethe Märchen. Frankfurt u. Leipzig 1998.

Niggl, Günter: Verantwortliches Handeln als Utopie? Überlegungen zu Goethes *Märchen*.In: ders.: Studien zur Literatur der Goethezeit. Berlin 2001, S. 91-105.

Nickel, Almut Constanze: Goethes Römisches Haus. Ein Freimaurertempel. Berlin, Bern u.a. 2., überarbeitete u. ergänzte Aufl. 2020.

Oesterle, Günter: Die „schwere Aufgabe, zugleich bedeutend und deutungslos" sowie „an nichts und alles erinnert" zu sein. Bild- und Rätselstrukturen in Goethes „Das Märchen". In: Helmut J. Schneider, Rolf Simon, Thomas Wirtz (Hrsg.): Bildersturm und Bilderflut um 1800. Bielefeld 2001, S. 184-209.

Ohly, Friedrich: Römisches und Biblisches in Goethes *Märchen.* In: Ausgewählte und neue Schriften zur Literaturgeschichte du zur Bedeutungsforschung. Stuttgart 1995, S. 217-235. [ED in: Zeitschrift für Altertum und deutsche Literatur 91 (1961), S. 147-166].

Palladio, Andrea: I quattro libri dell' architectura / Die vier Bücher zur Architektur. Aus d. Italienischen übersetzt und eingeleitet v. Hans-Karl Lücke. 2. Aufl. Wiesbaden 2009.

Plagemann, Volker: Die Villen des Andrea Palladio. Bremer Zentrum für Baukultur u. d. Deutsch-Italienischen Gesellschaft in Bremen u. Hamburg. (Hrsg.) Hamburg 2012.

Raphael, Alice: Goethe und der Stein der Weisen. Über Symbolmuster in „Das Märchen“ und in „Faust. Der Tragödie zweiter Teil“. Aus dem Engl. übers. v. Henriette Schulz. Amsterdam 1990.

Trauzettel, Ludwig: Die Wörlitzer Anlagen – Geschichte und Gegenwart. In: Der Englische Garten zu Wörlitz. 2. durchges. und erg. Aufl. Berlin u. München: 1994. Enth. Beschreibung des Fürstlichen Anhalt-Dessauischen Landhauses und Englischen Gartens zu Wörlitz v. August Rode. S. 165-211.

Viehoff, Heinrich: Goethe's Leben. 3. Tl. Stuttgart 1849.

Vitruv: Vitruvii de architectura libri decem / Zehn Bücher über Architektur. Übers. und mit Anmerkungen versehen v. Curt Fensterbusch. 3. Aufl. Darmstadt 1981.

- Des Marcus Vitruvius Pollio Baukunst. Aus der römischen Urschrift übers. v. August Rode. 2. Band Leipzig 1796, S. 178f.

Wahle, Julius: Auslegungen des Märchens. In: Goethe Jahrbuch 25 (1904); S. 37-44. [hier auch ungek. Brief des Prinzen August von Sachsen-Gotha].

Wolf, Dietmar: Die Strassburger Steinmetz-Bruderschaft. In: Kunst und Stein. Verband Schweizerischer Bildhauer- und Steinmetzmeister (Hrsg.). 2, 2015, S. 12-15.

Wolfstieg, August: Goethes Märchen von der grünen Schlange. In: Monatshefte der Comenius Gesellschaft für Kultur und Geistesleben, Ludwig Keller (Hrsg.), XXI. Band, 1912, 1. Heft, S. 5-14.

Register

Namen und Begriffe, die durchgehend im Text genannt werden, wurden nicht in das Register aufgenommen.

Die Liebe reicht über den Tod hinaus.

Meinem Vater

Dr. rer. nat. habil.
Frank Ulrich Nickel

in memoriam